1分で信頼を引き寄せる「魔法の聞き方」

渡辺直樹

朝日新聞出版

序章　魔法の聞き方

みんな「聞くこと」ができずに不幸になっている

「『聞くこと』ができれば、人生の80％はうまくいく」

これはデール・カーネギーが、『人を動かす』（山口博訳、創元社）という古典的な名著で語っている言葉です。

「コミュニケーションの80％」ではありません。「人生の80％」です。

いくらなんでも大げさだ、と思われるでしょうか？　もちろん、人の話をただ聞いてさえいれば成功できるというものではありません。

では、これを「人の話を聞くことができなければ、人生はほとんどうまくいかない」と言い換えたらどうでしょう。異議を唱える人は少ないのではないでしょうか。

人に耳を貸さない頑固なタイプは、いつも「苦手な人ランキング」の上位です。こちらの話をまったく聞いてくれない人、自分の話ばかりするような人には、誰もすすんで協力したいと思わないでしょう。信頼して話を打ち明ける気にもなりません。一般に、話し上手よりも聞き上手の方が、良好な人間関係を築くと言われるゆえんです。

本書を手に取られた皆さんなら、すでにお気づきかもしれません。**人の話を聞けないことが、日常の様々な場面でトラブルや問題を引き起こしている**ということを。

例えば、朝目覚めた瞬間から、家族が激しく言い合う声が聞こえてきたら、耳をふさぎたくなるでしょう。

朝食の支度をする母親が、泣いている子供の話を聞いていられずに「どうして言うことを聞かないの！」と怒鳴り声をあげ、子供は親が話を聞いてくれないので、さらに激しく泣きます。

通勤途中の交通機関では、利用客が必死に何かを尋ねていますが、駅員は熱心に耳を傾けているように見えません。一方で、駅員の方は他の利用客が言うことを聞いてくれないことに困っているようです。

会社では、上司がいつものように小言を言ってきてイライラします。上司も話を聞かない部下に、「なんだその態度は！」と怒鳴り声をあげます。同僚がグチを言ってくると、それがなぜか自分のことを言われているような気がして苦しくなり、聞いていられません。

取引先との商談では、お互いに納得できる内容なら相手の話にうなずけても、意見が食い違えばそれ以上聞けなくなります。

仕事が終わって家に帰ると、パートナーが話しかけてきます。ちゃんと聞いているつもりなのに、「ねえ、聞いてるの？」と問いただされ、うんざりします。

こうして、人はイライラの連続のうちに1日を終え、そしてまた新たな苛立ちの1日を迎えます。ふと、人は話を聞けないまま、まるで輪廻《りんね》を繰り返すかのように、短い人生を終えていくのかと思います。**話をきちんと聞けないせいで、相手には話を聞いてもらえないという不満がたまり、お互いがストレスを感じて、幸せを感じられなくなっている**のです。

こんな生活を、かつての私も送っていました。

「魔法の聞き方」との出会い

私は、人の話を聞くことを専門にする仕事に携わって、20年ほどになります。

大学で心理学を学んだのち、大手通信会社のコールセンターに就職、マネジメントに携わるかたわら、再び大学で臨床心理学とカウンセリングを学び直しました。電話応対から心理カウンセリング、傾聴ボランティアと、7万人以上の声に耳を傾けてきました。このように申し上げると、よほどの聞き上手なのだろうと思われるかもしれませんが、いまだに、反省と学びの連続です。

コールセンターは、企業の問い合わせ窓口として、顧客からの電話の応対を行う場所です。私が就職して最初に足を踏み入れた職場では、パーテーションに仕切られたブースに、オペレーターと呼ばれる従業員が、100人ほど列座して電話を受けていました。天井からはいくつものテレビモニターがさがり、数百以上のコールの応対状況がリアルタイムで映し出されるのです。

コールセンターで働きはじめて数年経った頃、私は電話会社に異動となり、そこでオペレーターたちのマネジメントを任されるようになりました。

そのマネジメントの業務の中に、より顧客に満足してもらうための応対品質向上を目指して、電話を受けるオペレーターと顧客のやりとりを聞き取り、それを文字に起こして分析する「書き起こし」というものがありました。

この書き起こしの業務に従事したことで、私はコールセンターにいる自分以外の仲間たちがお客様の話をどう聞いているか、つまり「人は人の話をどう聞いているか」をより深く知ることとなり、大きな気づきを得ました。

コールセンターという場所では、20代から60代まで、様々な過去や経歴を持つスタッフたちが電話の応対をしています。その話の聞き方にも個性があり、100人のオペレーターがいれば、100通りの聞き方があると言えます。

本来このような業種では、どちらかというと没個性的であることが尊ばれ、マニュアル通りの一律同様な応対が求められる向きもあります。しかし、そこは聞き手も人間ですから、ときにその人間性があらわになることがあります。

その書き起こしの経験の中で、1つ忘れられない出来事があります。

私が働いていた職場に、「感情」を込める聞き方を得意とし、顧客の心を受けとめることに長《た》けた電話応対のプロフェッショナルがいました。その優しい眼差しをした初老の女性オペレーターは、いつも穏やかな笑みを浮かべているのですが、ひとたび顧客との受け答えがはじまるとプロの顔つきに豹変《ひょうへん》します。

ある日、そのベテランのオペレーターが受けた電話の相手は、その声の様子から、おそらく彼女と同年代くらいと思われる女性でした。

最初から、相手がかなり混乱し、感情的になっている様子が伝わってきました。話す文章には主語がなく、順序はバラバラ、適切な言葉が出てこない、ときに他の話題に飛んでしまう、そんな話し方でした。

オペレーターは、きめ細かく相づちを打ちながら、しばらく相手の話に耳を傾けていました。そして一段落すると、相手の話を復唱し、「こういうことでしょうか?」と、ていねいに確認していきます。それはまるで、子供の話に耳を傾ける母親のようで、私は通話を文字に書き起こしながら、その受け答えの見事さに言葉を失っていました。

かなり長い時間、そういったやりとりが続きました。やがて、電話をかけてきた女性から、こんな言葉が発せられたのです。

「実は夫に先立たれたばかりで、途方に暮れているんです」

つかの間、話し手と聞き手の息づかいだけが聞こえる、祈りのような時間が流れました。オペレーターはそのとき、相手の「沈黙」を聞いていたようでした。

音声だけでしたが、私は聞き手であるオペレーターが、回線の向こうにいる女性に「うなずいている」姿をはっきり感じたのです。

おそらくご夫君が亡くなられた後の解約手続きか何かで連絡されてきたのでしょう。いささか場違いな告白でしたが、「この人になら話せる」と、つい口をついて感情がもれ出てしまったのかもしれません。

それから、暗闇にさす一条の光明のように、オペレーターの深い情感をおびた相づちが再開しました。「そうだったんですね……」。

通常、書き起こしでは、「冗語」と呼ばれる「あの」「ええと」などの余分な言葉をすべて削除するというルールがあるのですが、この電話応対では、私は話し手と聞き手が交わしたすべての言葉、その一字一句を正確に書き起こしていました。なぜそうしたのかは、自分でもわかりません。

静かな応対の中で、感情の流れが轟音《ごうおん》のように感じられました。書き起こしをする私の文章には、話し手と聞き手の感情を表す「……」という点が刻まれていました。そしていつしか、その応対に引き付けられるあまり、書き起こしをしていた私の手は止まっていました。

私は、聞き手の「聞き方」の違いによって、会話の流れや話し手の状態がこれほどまでに変化する場面を見たことがありませんでした。当時の私には、そのオペレーターがまるで魔法を使っているかのように思えたのです。

私が「魔法の聞き方」を強く意識した瞬間でした。

聞くことのプロフェッショナル

話すことに比べれば、ただ聞くことなど簡単だと思われている方も多いかもしれません。しかし、実は**人の話を聞くことは、話すことより何倍も難しく、それだけエネルギーを使います**。

こんなことを言うとハードルを上げてしまうかもしれませんが、安心してください。コールセンターやカウンセリングの現場などには、毎日の仕事で、この「聞くこと」を専門に行っているプロフェッショナルたちが大勢いて、日々、経験則やメソッドを蓄積しています。

電話オペレーターや心理カウンセラーたちは、ある種独特の聞き方をしています。オペレーターなら1日20人以上、カウンセラーなら10人以上を相手に話を聞くこともありますから、普通なら頭と心がパンクしてしまいます。

普通の聞き方とはどのようなものでしょう。

先にあげた例のように、相手の話し方が決して上手ではなく、何を言いたいのかさっぱりわからない場合、普通ならイライラしてしまうものです。すぐにこちらの解釈を無理やり当てはめたり、話を手短に終わらせようとしがちです。

また、皆さんも経験があると思いますが、激しいクレームや悩みの相談などでは、相手の負の感情をまともに受けてしまい、自分の心の中にため込んでしまうものです。そうなると相手の話を聞いているのがとてもしんどくなります。

聞かされたグチや人の悪口を自分に中に取り込んでしまうと、一緒に怒ったり悲しんだりして、精神的にも肉体的にも非常に疲れます。

あとでお話しするように、**人の話を聞く際には、うなずきや相づち、相手の話を繰り返すなどの振る舞いがとても重要**なのですが、相手の話に共感できず、反論したい気持ちがあると、それもままなりません。こうして、相手には「話を聞いてない」という印象を与えてしまうのです。

聞くことには基本的な方法がある

聞き方のプロたちが、そのようにならずに、きちんと話を聞き続けられる理由は何でしょうか？　それは彼らが**「聞き方」の基本**をしっかりふまえているからです。

私たちは、学校教育などで、話し方を学ぶ機会はあります。しかし、聞き方を習うことはほとんどありません。話し方を競うスピーチコンテストはあっても、「聞き方コンテスト」というものは聞いたことがないでしょう。

この世に生を受けてから、私たちは様々な人たちと出会い、日々膨大な話を聞き続けます。しかし、その**聞き方についてはきちんと教えられることがない**のです。

しかし、聞くという行為には、多くの人には知られていない基本的なスキルや方法があります。そして、先にお話ししたベテランオペレーターの例のように、この世には「魔法の聞き方」と呼べるような特別な技術が、確かに存在するのです。

これまで私は、たとえ相手が誰であっても、限られた応対時間の中、それがたった「1分」でも、相手の信頼を引き寄せることができるオペレーターたちを何人も見てきました。

本書では、20年以上にわたってコールセンターやカウンセリングで人の話を聞き続けてきた私の経験をふまえて、多くの人には知られていない「聞き方」のプロたちのスキルをご紹介したいと思います。

また、私が学んできた心理学や心理カウンセリングの知識や技術も援用し、聞き方の講座で行っている楽しいワークなどを紹介しながら、実践できるテクニックをお教えします。

その方法論やコツをまとめた本書を読んで、身につけていただければ、誰もが人の話を上手に聞けるようになります。話し手も聞き手もより楽に話を聞けるようになり、お互いを傷つけず、円滑なコミュニケーションがとれ、より深いところで理解し合えるようになるのです。

聞くことができるとどんなよい効果があるのか

現代は、「話を聞いてくれる人がいない」「誰にもわかってもらえない」という悩みを抱えている人が多いと言われます。誰もが「自分の思いを伝えたい」「自分を表現したい」という気持ちを持っています。普段は口数の少ない人、無口な人でさえ、ひとたび口を開くと、話が止めどなくあふれてくるものです。

人の話にしっかり耳を傾けて聞くことは、そうした人がもともと持っている欲求に応えることになります。さらには、その人を受け入れる、その人の存在にOKを出すことにもなるため、その結果として相手はこちらを信頼し、心を開いてくれるのです。

相手から安心、信頼を得られやすい話の聞き方ができれば、会話などがスムーズにいくことはもちろん、職場の同僚や上司、友人、パートナーや恋人、家族といった、皆さんの身近な人間関係にもよい影響が現れます。聞く力をつければ、まわりに人が集まってきて、情報ももたらされます。

　また、現代では多くの人が心にストレスを抱えています。家族や子供、親しい友人やパートナー、恋人が、**うつ病などの心の病にかかることを予防する最良の方法は、きちんと話を聞き、構ってあげること**です。

　心の病も身体の病と何ら変わらず、何よりも予防が大切です。では心の病を予防する方法とは何でしょうか。人はストレスがあるときほど話しかけることが多くなったり、グチをこぼしたりします。そんなときに家族や友人の話を聞いてあげることができたら、彼らのストレスを軽減し、ケアすることができます。

　誰かに自分の気持ちや悩みを打ち明けて、わかってもらえると、落ち着いた心の状態になるだけでなく、語り手自身の健康や、社会的適応力が向上することが、最近の心理学の研究で証明されています。

　例えば、自分について話し、それを聞いてもらう効果として、脳が活性化し、脳内の快楽物質のドーパミンが分泌されることが、米国科学アカデミーの紀要に掲載された、ハーバード大学のジェイソン・ミッチェルらの論文で紹介されています（池谷裕二『脳はなにげに不公平』、朝日新聞出版）。

　また、心理的効果としては、有名なマズローの欲求5段階などで言われる「承認欲求」や、「所属欲求」が満たされるといった効果があります。

成果主義の現代では、人々は疲れ切って、多くの人が「わかってもらえない」という気持ちを持ちながら、職場の同僚として、友人として、家族として、パートナーとして、恋人として、皆さんにも接してきます。そんなときに皆さんが本書で身につけた聞くスキルで接することができたなら、相手は安心でき、皆さんは信頼され、よい人間関係を築くことができるのです。

そして実は、**人の話が聞けるようになると、話し手だけでなく、聞き手にとってもメリットがあります**。

忙しいとき、大変なときは、誰しも人の話を聞いている余裕などないと思うものです。しかし、そんなときにこそ誰かの話を聞いて助けてあげることが、逆に本人に心理的な余裕をもたらすという研究もあります。焦りがなくなったぶん時間ができたと感じ、仕事に集中しやすくなり、仕事を早く切り上げることができ、本当に余分な時間ができるというわけです。

相手の気持ちを受けとめ、「聞いている」と伝える

さて、次章からさっそく「魔法の聞き方」について具体的にお話ししていくのですが、その前に、皆さんは「聞き方の本」と聞いて、最初にどんな内容をイメージされたでしょうか？

会話において、相手が伝えたいことを正確に聞き取るためのスキルでしょうか。それとも、相手から価値ある話を引き出すための方法でしょうか。あるいは、会話が苦手な人が、自分から話すことなく、相手にどんどん話してもらうためのテクニックなどを期待されたかもしれません。

もちろん、そうしたことは人の話を聞くうえで重要なことなのですが、本書でお伝えしたい「魔法の聞き方」の趣旨は、それらと少し異なります。

そもそも「聞く」とは何をすることなのでしょう？

本書では、「聞く」ということを、**「相手の気持ちを受けとめて、相手に『聞いている』と伝えること」**と定義します。

●相手の気持ちを受けとめる
●相手に「聞いている」と伝える

この定義は、心理学で「傾聴」と呼ばれる方法論を下敷きにしています。なぜそのような定義になるのか、どうしてこの2つのポイントが重要なのかについては、本書全体を通して、詳しくご説明していきたいと思います。

1つ目の「相手の気持ちを受けとめる」ですが、これは相手に「共感」することと言い換えることもできます。第1章では、この共感とは何かについて詳しくお話しします。

相手の気持ちを受けとめ、共感することができたら、今度はそのこと（共感したということ）を相手に伝えることが重要です。相手に伝わるように聞くとはどんなことかについて、第2章でお話しします。

紹介した知識やテクニックを、いますぐ日々の実生活で応用できるように、第3章ではどんな相手に、どんな聞き方をしたらよいかを関係性別・場面別の聞き方としてまとめました。相手の信頼を得るためには、相手に積極的な関心を示すことが大切です。相手の話に興味を持ち、ストレスなく聞くためのコツについてお伝えします。

　そして、最後となる第4章は、ただ相手の話を聞けるようになり、相手にも聞いていると思ってもらうだけでなく、心から聞けるためにどうしたらよいかについてお話しします。


　本書には、読んだ次の日からすぐに実行できるようなスキルやテクニックがたくさん紹介されていますが、ある程度の訓練を必要とする、かなり深い話も含まれています。

　本書を読み終えて、もし「それでも聞くことができない」となったとしても、気にすることはありません。本書でお伝えしたことを知ったうえで人の話を聞くのと、知らないで聞くのとでは、今後の人生においてきっと大きな違いにつながるはずです。

1分で信頼を引き寄せる「魔法の聞き方」　目次

序章

魔法の聞き方

第1章

相手の気持ちを受けとめる技術

――「共感」ベースの聞き方

第2章

相手に「聞いている」と伝える技術

――うなずき・相づち・繰り返し

うなずきと相づちの魔法

繰り返しの魔法

質問の魔法

第3章

ストレスフリーに聞く技術

聞くことがもたらす大きなストレス

話が長い人の話を聞く

第4章

「聞くことですべてうまくいく」魔法

編集協力　沢田アキヒコ
企画のたまご屋さん
ブックデザイン　三森健太（ＪＵＮＧＬＥ）

第1章

相手の気持ちを受けとめる技術

――「共感」ベースの聞き方

3つの聞き方の違い

序章では、「聞く」ということを、「相手の気持ちを受けとめて、相手に『聞いている』と伝えること」と定義しました。

- **相手の気持ちを受けとめる**
- **相手に「聞いている」と伝える**

本章では、魔法の聞き方の1つ目のポイントである「相手の気持ちを受けとめる」ということについて、詳しくお伝えします。

相手の話をきちんと聞くためには、まず相手の気持ちを受けとめることが重要です。

これは言い換えると、**相手に「共感」する聞き方**です。

「共感」について理解するために、まず私たちが日頃から無意識に行っている聞き方を、3つに分けて考えてみましょう。

①情報を収集する聞き方

１つ目は、相手の話を「何が事実なのか」という視点で聞くやり方です。状況や事実関係に注目した聞き方で、例えば「いつ、どこで、誰が、何を、なぜ、どうやって」という5W1Hを、情報として捉えることが目的です。ビジネスなどにおいては、欠かせない聞き方です。

そこでは、論理的かどうかや、事実であるかどうかが重要です。一方、話し手や聞き手がそれをどう感じているかという「気持ち」は、省略されます。

②自分中心の聞き方

２つ目は、相手の話を「自分と同じかどうか」という視点で聞くやり方です。

相手が自分と同じ考えや感覚を持っているか、経験や知識はどれくらいか、どんな価値観を持っているか、共通点や相違点は何かという視点で聞いていきます。

この聞き方では「同じ」であれば相手と仲良くなれますが、「違う」となれば仲違《なかたが》いしたり、言い争いの原因になります。

多くの日常会話は、この自分中心の聞き方で行われています。

③相手中心の聞き方

最後が、相手の話を「相手はどうなのか」という視点で聞くやり方です。

そもそも自分と相手は違う価値観を持っているという前提で話を聞きます。よく似た経験があったとしても、その経験に対する思いが同じとは限りません。何を思い、何を大切にしているのか相手に興味を持ち、自分との違いを互いにわかり合う聞き方で、「寄り添う」「支える」「そのまま理解する」のが特徴です。

これこそが、相手の気持ちを受けとめる「共感」ベースの聞き方です。

つまり、**共感をベースにする聞き方は、事実関係を明らかにしたり、個人的な興味で聞くのではなく、「相手の気持ちを聞く」聞き方**だと言えます。

コールセンターで働きはじめて間もない頃、こんなことがありました。

私は、ある男性からの問い合わせを受けます。「電話もインターネットもつながらないので、どうにかしてほしい」という内容でした。いろいろ調べながら受け答えをしていたのですが、やがて男性の語気がしだいに荒々しくなっていくのがわかりました。そして、こんな言葉も出はじめます。

「ちゃんと話を聞け！」

もちろん、私はちゃんと聞いているつもりでした。私はそれに動じず淡々と応対をしながらも、相手がなぜそんなに感情的になっているのかわかりませんでした。話を続けても相手は一向に満足せず、そしてついに、コールセンターで働くオペレーターなら一度ならず経験する、あのセリフの洗礼を受けてしまいます。

「上司を出せ！」

いま振り返れば、当時の私は「共感」する聞き方がまったくできていませんでした。相手には、問い合わせをしているあいだ、ずっとモヤモヤした気持ちがあったはずです。それに気づかぬまま、私は応対をしていたのです。

もともと私自身は、あまり感情を表に出さない傾向がありました。男だからとか、長男だからといった役割意識にとらわれていたのかもしれません。また、感情的になるのはよくないことだと、様々な場面で教えられてきたせいもありました。

そのため自分の感情にも、他人の感情にも疎《うと》くなり、人の気持ちが聞こえにくくなっていたのでしょう。そのことを、コールセンターのクレームを通して教えられたのです。

先の3つの聞き方で言えば、「①情報を収集する聞き方」に徹することで、私は**「ちゃんと聞いているつもり」になっていた**のです。

これをきっかけに私は、人々の話を聞くコールセンターのオペレーターとは別に、人々の気持ちに耳を傾けられるカウンセラーとしてのスキルも身につけたいと思い、働きながら再び心理学やカウンセリングを学ぶようになり、現在にいたります。

話し手と聞き手がともに楽になれる聞き方

共感をベースにした相手中心の聞き方というのは、我慢をして何とか相手の話を聞くことではありません。また、相手をコントロールして話を聞き出すためのテクニックでもありません。

それは、**話し手と聞き手がともに楽になって、理解し合えるような聞き方**です。聞き手は話し手に寄り添い、相手の感情や欲求、葛藤などを理解しようとし、「いま、ここ」で相手がどう感じているか、まわりの世界をどのように見ているかを、相手の見方で理解しようと努めます。

そのために**話し手の言葉、表情、態度、言い方などにも注意を払い、相手が伝えようとしている「気持ち」を受けとめる聞き方**なのです。

話し手に何かを気づかせてやろう、わからせてやろう、喜ばせよう、いい気分にしてやろう、ある方へ誘導してやろうということではありません。

ただひたすら相手を支え、気持ちに寄り添い、相手をそのまま受けとめ、よき理解者になろうとすることです。その結果として、相手が何かに気づいたり、理解し合えることで喜びを感じ、よい気分になることはあるかもしれません。しかし、はじめからそれを目指してはいけません。**そもそも人間は自己成長力を持っていて、問題を解決するのは本人であるというのが、共感ベースの聞き方の根底にある考え**だからです。

ストレスの多い現代社会では、誰といても心が満たされないと感じる人が大勢います。そんな人は事情をよく知らない相手からアドバイスされたり、意見を言われたり、間違いを指摘されるより、ただ誰かに一緒にいてもらいたい、話を聞いてもらうだけでいいと思うものです。

心がいっぱいになっていて、もう何も受けつけられない、涙であふれているようなときに、行動を変えなさいとか、考え方を変えなさいと言われても、そんなアドバイスを受け入れる余裕などありません。

相手がこの共感ベースの聞き方ができる人だと、話し手は孤独が癒やされて安心できます。すぐそばにいてくれるような聞き方ができる相手なら、想いを吐き出してほっとしたり、自身への理解を深められたり、安心感が得られたりします。そんな関係になれてはじめて、お互いに信頼関係が築きやすくなるのです。

「共感」と「同感」はまったく別もの

話がやや抽象的になりましたので、「共感」についてもう少し具体的に説明します。

「共感」と似た言葉に「同感」や「同情」があります。**一般には、「共感」と「同感」「同情」は同じような意味で使われますが、心理学ではこれをはっきりと区別します。**ここが、「魔法の聞き方」がただの話の聞き方とは一線を画《かく》するポイントでもあります。

心理学では、同感や同情は、相手の意見に「賛成」することを意味します。つまり、相手に対して「私もそうです」と伝えることで、その際の主語はあくまでも「私」です。

一方、**「共感」は、自分の気持ちをひとまず横において、「あなたはそうなのですね」と相手の気持ちを理解すること**です。主語は「あなた」です。

次の例を見てください。カフェでお茶をしているAさんとBさんがいます。

(1)店内に音楽が流れて、2人とも大好きな曲だった場合

A：あ、この曲いいよね、すごく好き

B：わかる、わかる、私も大好き

この場合、BさんはAさんに賛成しています。「私も」という言葉が表すように、心の矢印が自分に向かっています。これは3つの聞き方で言えば、「②自分中心の聞き方」です。

では、次の例はどうでしょう。

（2）店内に音楽が流れて、その曲をAさんは大好きで、Bさんは好きではない場合

A：あ、この曲いいよね、すごく好き

B：え、そうかな、私は好きじゃないな

「同感」できるかどうかという聞き方をしていると、もし相手の意見に賛同できなければ、このように反感や異論を述べることになります。これも、「②自分中心の聞き方」だと言えます。

それでは、「共感」の聞き方だとどうなるでしょう。「共感」は、相手に賛成するかどうかとは関係がありません。次の例を見てください。

（３）同じく、店内に音楽が流れて、その曲をAさんは大好きで、Bさんは好きではない場合

A：あ、この曲いいよね、すごく好き

B：そっか、（あなたは）すごく好きなんだね（好きだっていうあなたの気持ちはわかる）

この場合、BさんはAさんに「同感」はしていません。しかし、（２）のように反対意見を述べているわけでもありません。

（１）（２）では、主語が「私」だったのに対して、（３）では「あなた」と、心の矢印が相手へ向かっています。ただし、実際の会話では「あなたは」の部分は口に出さず、心にとどめましょう。心で感じることが共感です。

これこそが「共感」の聞き方、「③相手中心の聞き方」です。

繰り返しになりますが、「共感」とは、自分の気持ちはひとまず横において、「あなたはそうなんですね」と、あくまで相手の気持ちとして理解することです。

ちなみに、この「自分の気持ちをひとまず横においておく」というのは、自分の心を真っ白にするとか、自分の気持ちを消し去るといったことではありません。感じたことは否定せず、むしろはっきりと意識したまま、「横においておく」のです。

このとき、「自分の気持ち」を視覚的にイメージして、それを実際に自分の横に移動させる動作を想像すると、うまく「共感」することができます。これは心理カウンセラーが使うテクニックの1つです。

このように、主語が誰か、心の矢印が自分に向かっているか、相手に向かっているか、自分基準か相手基準かで、同感と共感は区別されるのです。

そして、ここからが「魔法の聞き方」の重要なポイントです。

「同感」と「共感」がまったく別ものである以上、この2つは心の中で同居することができます。つまり、「同感しているが共感はしない」という聞き方も、「同感しながら共感もする」聞き方も、「同感はしないけれど共感する」聞き方も、自由に選択できるのです。

同感は自分本位の聞き方、共感は相手本位の聞き方です。同感して傾聴しないか、共感して傾聴するかは、どちらにしなければならないということはなく、そのとき**あなた**

が自由に決めてよいのです。

これが、自分の感情を否定することなく、相手の話を聞く聞き方、つまり自分も相手も楽になる聞き方の基礎になる重要な部分です。

他者は自分と違って当たり前

同感ベースの、自分中心の聞き方しかできないと、相手に賛成できる話は聞くことができますが、そうでない話はすべて聞けなくなります。

そもそも、**他者は自分とは違っていて当たり前**です。この事実についての認識の欠如が、この世のすべてのコミュニケーションと人間関係をおかしくし、争いや悲しみを招く元凶になっています。パートナーとのちょっとした口ゲンカから、国際社会の政治、宗教の対立、ありとあらゆる紛争にいたるまでのすべての原因だと言っても過言ではありません。

共感する聞き方を実践するためのコツの１つに、**相手の言葉を自分の言葉に翻訳しな**

いようにする「自他の区別」というスキルがあります。

例えば、あるコールセンターに、第一声、次のように話す女性から電話がかかってきたとします。

相手：ほんと、あんたたちって使えないね！

普通だと反応は次のようになりがちです。

聞き手：はあ？（自分たちが使えないだって？　と心の中でイラッとしながら）

ここで、ほとんどの人が、「あんたたち」を「＝自分たち」と瞬間的に翻訳し、相手の話と自分の感情を関連づけて解釈します。すると、それに同意できないという反発の感情が生じ、それ以降はきちんと話を聞くことが難しくなります。

それでは、同じ話に「共感を使った聞き方」をするとどうなるでしょうか。

相手：ほんと、あんたたちって使えないね！
聞き手：どうかなさいましたか？（「ほんと、あんたたちって使えない」と相手は思っているんだな、と心の中で思いながら）

相手の発言を、相手の思いのままに聞きます。それに対して何か思いがわき起こったとしても、それは胸にしまっておきます。

こちらがどう思ったのかについては、相手から質問されない限り、それを伝える必要はありません。なぜなら、多くの場合相手は、「ほんと、あんたたちって使えない」と思っている、その苛立ちをぶつけたいだけで、それに対する聞き手の意見を知りたいわけではないからです。

相手の話を共感ベースで聞けない原因の1つは、相手の話に自分の感情がすぐに混じり合ってしまい、「自分たちが使えない」というふうに聞いてしまうからです。そのように聞くと反発してしまい、それ以上は相手の話を聞けなくなり、相手も心を許して話をしなくなります。そこでコミュニケーションが終わってしまいます。

相手の言う「あなた」という言葉を、反射的に「私」と翻訳することを、一度やめて

みましょう。話し手の意見や感情はあくまで相手のものであり自分のものではない、このように自覚することを「自他の区別」と言います。

話の内容は、聞き手の意見とは関係なく、単に相手がそう思っているというだけのことなのです。相手が思っていることを否定する権利はこちらにはありませんし、その必要もない。こうした態度で相手の話を聞くのが「共感」で聞くということです。

カウンセラーをしていると、相談者から非難されるような言葉をあびせられることが幾度となくあります。そのたびに、「自分はともかく、他人はそう思っている、そう見ている」と考えて、「そうですね」と相づちを打ち続けていると、あるときふっと、感情的になっていた相手の態度がやわらかくなる瞬間が訪れます。こちらの聞き方によって、相手が「聞いてもらえている、わかってもらえている」と気づくのです。

こうしたことができるようになるのは、ここまでお話ししてきたように、相手と自分を完全に切り離して考えているからです。

グチを言われたら「その話、もっと聞かせて」

恋人や夫婦などの親しい間柄でも、お互いにグチが言えない、またはグチを言うとケンカになってしまうという話をよく聞きます。逆に、相手のグチや話をうまく聞ける人が恋人やパートナーだと、安定した関係が維持できているようです。

親しい関係であればあるほど、相手のグチが自分に対する非難のように聞こえることが多いでしょう。自分を否定されていると思って反発すると、そこで話は終了し、ケンカになってしまいます。ここで役に立つスキルが、先ほどの「自他の区別」です。

相手の話を聞くときに、賛成か、反対かという「同感」ベースの聞き方しか持ちあわせていないと、相手と意見が合ったときしか話を聞けなくなり、意見が合わなければケンカのもとになります。

恋人やパートナーとの諍《いさか》いの原因の9割は、ささいなことだと言われます。食べ方が気にいらない、相手が体に悪そうなものばかり食べる、いつも服を脱ぎっぱなしにしている、トイレのドアを開けたままにする、ゴミを出してくれない……そんなことが多いようです。

朝のあいさつの仕方にはじまり、食べ方や、片付けの仕方、掃除の仕方、健康法にいたるまで、私たちは幼少の頃から、それぞれの家庭で、養育者や周囲の大人たちから、常識や価値を受け継ぎます。さらにそこから好みという偏見を身につけます。

常識は、ある年齢になるまでに身につけたいくつもの偏見の集大成であり、私たちはいつもそれが正しいことだと信じています。だからこそ、常識が違う相手の話や意見に違和感をおぼえ、反発をおぼえます。このとき、人は相手の話を聞けず、ケンカになるのです。

「聞き方」を学ぶと、早い人ならその日のうちに、いつも口論になる相手とケンカにならずに、相手の話も冷静に聞けるようになることが知られています。

以前私は、パートナーシップの世界的権威として知られる心理学者ジョン・グレイ博士から、相手の女性が怒っていたり、グチを言ってきたときに男性が女性にかけるべき適切な言葉というものを教えてもらいました。それは、**「その話、もっと聞かせて」**、という言葉です。

以来、私はずっとそれを実践し続けてきて、そのおかげなのか女性とケンカになることはほとんどありませんでした。あまりに疲れているときなど、さすがに話を聞けないと思うときは、相手にその理由を説明してわかってもらいますが、そうでなければ、相手の話には全神経を集中して耳を傾けます。その際、**こちらから余計なアドバイスはせ**

ず、ただ共感だけを示します。

相手は、ただ話を聞いてもらいたいだけなのですから。

心の色眼鏡をはずす

以上のことを意識するだけでも聞き方がずいぶん改善しますが、さらに相手の話を楽に聞けるようになるテクニックが、**自分の中にある「フィルター」（＝認識の枠組み）を意識するという方法**です。

あなたが誰かの話を聞いて、イラッとしたとしましょう。その時点で、それ以上話を聞き続けることは難しくなってしまうのですが、しかし、そもそものイラッとする感情はどのようにして起こっているのでしょうか？

それは、そのとき、その状況にいるあなたが、フィルターという「心の色眼鏡」を通して相手の言葉を解釈することで生じています。それはフィルターを通して感じた認知であり、判断の枠組みでしかないのです。

その証拠に、同じ話を聞いても何も感じない人もいます。聞き手がどんな人で、どんな状況におかれているかによって、聞いた内容への反応は変わってきます。
先ほどと同じ例ですが、コールセンターに、以下のように話す女性から電話があったとします。

「ほんと、あんたたちって使えないね！」

そのとき、聞き手はどう思うでしょうか？　同じ相手が同じことを言っても、聞き手の状況によって、その聞き方は以下のように分かれるかもしれません。

●長時間の応対で、こちらが誠心誠意つくした後でそう言われたとき

（ああ、この期に及んでそんなこと言われるなんて、がっかりだ）

●仕事に対して高いプライドを持っていて、自分はできると思っているとき

（そんなことはない！　聞き捨てならないな）

●セルフイメージが低くて、自分は本当にダメな人間だと思っているとき

（まったくその通りですよ。やれやれ）

●この職場が嫌いで、翌日には退職することが決まっているとき

（やっぱり、こんな仕事辞めることにしてよかった）

いかがでしょう。ここでは4つのパターンを示してみましたが、コールセンターに100人のオペレーターがいれば、受ける状況は100通りあるでしょう。つまり、同じ相手に同じことを言われても、その状況を受けての聞き方は100通りすべて違うということです。

相手の話を聞くことができないのは、相手の態度や話の問題というよりも、そのときのあなたの状況で、あなたのフィルターを通して判断、認知しているにすぎません。これを意識することができると、相手の話を聞けないと思うときでも、ずいぶん冷静に対処することができるようになります。

会話をするとき、話し手と聞き手のどちらにもストレスになるのが、相手の話に同感できないという、それぞれの枠組みが違うことのジレンマです。

同じ人種で、同じ言語を使っていても、両親が違えば、生まれた時代も、与えられたしつけも、過ごした部屋も、育った環境もすべて異なります。また通っていた学校も、そこで受けた教育も違えば、出会った人々も、起きた出来事も、味わった体験もすべて異なります。それらすべての要素が、そのときどきの感じ方や考え方に深く結びついて、他の誰とも違うオンリーワンの「自分」が形成されていきます。

そのために、1人ひとりの物の見方、とらえ方はまったく異なるわけです。そのような大前提を思い出し、納得できれば、自分が理解されないとか、相手が理解できないことでのイライラも少なくなるかもしれません。

共感ベースの聞き方をするときの心構えの1つは、**「フィルターで聞かない」**ということです。話す相手とはフィルター、認識の枠組みがそもそも違うことを意識するのです。

会話とは、自分たちが話すときと聞くときのお互いのフィルター、枠組みの見せ合いっこであり、ズレや誤解を修正していくこと、そのものです。フィルターという色眼鏡をかけて相手を見ずに、お互いに「自分はこんな色眼鏡をかけているよ」と洒落た眼鏡を見せ合うように楽しんでください。

フィルター、枠組みが自分とはまったく違う相手を目の前にしている、というのを常に意識して、相手の話を、相手の話のまま聞けるようにするのが「魔法の聞き方」です。

魔法の聞き方はスイッチでオンオフ

ここで1つ、付け加えておきたい重要なことがあります。

ここまで共感をベースにした聞き方についてお話ししてきましたが、それを、どこか非現実的な理想論のように感じられた方もいらっしゃるでしょう。自分の気持ちを横において、相手の気持ちに寄り添う、なんて聞こえはいいですが、普段からそんなことをするなんて聖人君子でもない限り無理だと思われたかもしれません。

これは、私自身が話の聞き方を学びはじめたときに、誤解していたことでもありました。

当時の私は、話の聞き方を学んでいるのだから、いつでもどこでも、誰に対しても、そのスキルを使うべきだと勝手に思い込んでいたのです。そして誰に対しても常に「傾聴」するということがなかなかできない自分に悩んでいました。

しかし、当時の先生にその疑問をぶつけたところ、こう言われたのです。

「傾聴とはスイッチです。それを入れるのも切るのも、あなたが決めることです」

共感ベースの聞き方のもとになる「傾聴」という聞き方は、一般的な会話とはまったく違う特別な聞き方です。

つまり、傾聴というスキルを身につけたからといって、朝起きてから夜寝るまでそのスキルを使い続ける必要はありませんし、そもそもそんなことはできないのです。

例えば、私はこの原稿をカフェで書いているのですが、すぐ隣には冬服のセーラー服姿の女子学生3人が、スイーツやドリンクを囲んで、楽しそうにはしゃいでいます。

会話の内容が、聞くともなしに聞こえてきます。

学生A：これ甘くておいしい

学生Ｂ：ミルクをかけたらどうなるかな
学生Ｃ：これ以上糖分を取ったらまずいな
学生Ａ：甘いものとしょっぱいものを交互に食べればいいんじゃない？

他愛もない事柄や出来事を中心とした話が、もう30分も続いています。こんなふうに、いつまでも続いていくのが日常一般の会話でしょう。

このような場面では、相手の気持ちを聞き、それに寄り添うという共感ベースの聞き方は必要ありません。

例えば、「おいしい」に対して、「そう、（あなたは）おいしいと思っているんだね。へえ」などと言えば、どこかギクシャクした感じがします。あるいは、「甘いものとしょっぱいものを交互に食べればいいんじゃない？」に対して「そう考えるのには、何か証拠がありますか？」などと返すのも、その場にふさわしくないでしょう。

皆さんもおわかりでしょうが、そんなことは、この場ではどうでもよいことなのです。

しかし、やがて女子たちの会話は、こんな意外な展開を辿りました。

学生Ａ：ああ、幸せな時間だった
学生Ｂ：もうしばらくこんなことはできないから、今日は特別だね
学生Ｃ：ちょっと気が重いな

彼女たちは、何らかの事情があって、短い時間だけそこに集まって話をしていたようです。理由は何かわかりませんが、いずれにしてもこの会話の向こうには、前の出来事だけの話とは違い、彼女たちの「気持ち」が流れはじめています。

そこでもし聞き手の誰かが、「気が重い」と言ったＣさんの気持ちに寄り添いたい、共感した方がよいと思ったなら、**傾聴のスイッチをオン**にして共感ベースの聞き方を使ってもよいのです。

傾聴は、「魔法の聞き方」です。その魔法を使うか使わないかを決めるのは、皆さん自身なのです。

誰の話でも、どんなときにでも、常に共感をベースに相手中心に話を聞かなければならない、などと思う必要はありません。

自分中心の聞き方もいいですが、**ときには相手中心の聞き方もできるという選択肢を持っているということが、「魔法の聞き方」のポイントなのです。**

みんな無意識に「聞いてない」というメッセージを発している

さて、**人とコミュニケーションをはかるときに、私たちは、常に言葉以外の要素でも相手に多くの情報を伝えています。**アイコンタクトや表情、姿勢、声の大きさなどは、ときに言葉よりもはるかに強力な伝達手段になります。

アメリカのコミュニケーション学者のレイ・バードウィステルによると、対話においては、非言語メッセージが65％もの割合を占めているといいます。

また、アメリカの心理学者アルバート・メラビアンの調査によれば、会話において相手の言語表現と非言語表現が矛盾している場面では、93％の人が非言語表現の方を重視するとされています。例えば、相手が「やめてください」と口で言いながら、顔では笑っている場合、受け手は笑顔の方を重視して「拒否されていない」と判断する傾向があるということです。

私が講師をしている日本傾聴能力開発協会の講座では、「地蔵のワーク」というものを行います。

地蔵のワーク

まず2人でペアを作り、Aさんが話し手、Bさんが聞き手になります。Bさんは、Aさんに耳を向けて、90度横を向いて座ります。そしてAさんはBさんの横顔に向かって2分間、最近うれしかったことや、楽しかったことなどについて話をします。このとき、AさんはBさんの横顔から目を離さないようにします。そしてBさんは、Aさんの話を、お地蔵さんのように無反応で聞きます。無表情、ノーリアクションで、うなずいても、相づちを打ってもいけません。

このワークを最初に行ったときのあまりの違和感を、私は忘れることができません。こちらが言葉を発しているのに相手にまったく反応を示されないと、最初から不安をおぼえます。聞こえているのかどうかもわからないので、顔をのぞき込んで相手の表情を確かめたいという気持ちになります。そしてふと、多くの人々が日常で相手にぶつける、あのセリフを言いそうになります。「ねえ、聞いてますか？」。

このように、相手の話にあえて反応しないということをやってみると、私たちが普段の会話で無意識のうちに行っている動作や振る舞いを意識することができます。

そして、態度によっては、**知らず知らずのうちに、相手に「聞いていない」というメッセージを発している**こともわかるのです。

臨床心理学者の平木典子氏は、そんなつもりじゃなくても「聞いていない」と伝わってしまうしぐさや態度として、以下のような態度を紹介しています。

無意識に出る「聞かない態度」

・視線が相手に向かず、机の上や窓の外を見ていたり天井や横を向いていたりする
・腕を組んだり横を向いたりしてふんぞり返って座っている
・下を向いていたり、本を読んだり、手帳を開いたり、勝手気ままな振る舞いをする
・ほかのことを考えているような顔つきをしたり、なま返事をしたりする
・相手の話をさえぎって話題を変えたり、自分の話をはじめたりする

（『図解　相手の気持ちをきちんと〈聞く〉技術』、ＰＨＰ研究所）

相手が見えない電話応対などでは、「なま返事をしたりする」「相手の話をさえぎったりする」が当てはまります。

対面であれば、服装や相手との距離、動作といった目で見えるもの、話す速度や明確さ、反応のタイミングといった耳で聞こえるものなど、様々な非言語的な情報によって、相手に「話を聞いていない」と伝わっています。

もしあなたが上司だとして、部下が相談に来たとき、パソコンの画面から目を離さずにキーボードを叩きながら、なま返事をしていませんか。また、パートナーに話しかけられたとき、何か作業をしながら返事をすることがないでしょうか。

こうした積み重ねが、相手に「聞いてもらえていない」という感覚を与え、少しずつ信頼を失っていく原因になっているのです。

聞き手がいつの間にか話し手になっている

なかでも、「相手の話をさえぎって話題を変えたり、自分の話をはじめたりする」という項目は、とくに気をつける必要があります。

コールセンターでの電話のやりとりを聞いていても、プロであるはずのオペレーターが、相手が話し終えないうちに言葉を発してしまっているケースがあります。そして、それがもとでクレームにつながることもあります。

あるとき私が聞いた電話応対では、担当者も顧客も両方が相手の話を最後まで聞かないために、話が一向に前に進まず、お互いに早とちりと誤解に満ちたやりとりが続いていました。どちらもイライラしているのが感じられ、結局話は1時間にも及んでいました。

顧客は問題を早く解決してほしい。担当者は次々に入ってくる電話を処理しなくてはならず、早く電話応対を終わらせたい。それでお互いの話がかぶってしまいがちになるのです。

電話でのコミュニケーションに限らず、**相手が話し終えないうちに言葉をかぶせるのは、相手に悪い印象を与える、最もやってはいけない聞き方**です。

話の内容を理解する以前に、まずは「最後まで聞く」というクセをつけてください。そしてそのときに、**「結論を急がない」ようにも気をつけましょう。**

一般に、人は話を聞くよりも、話をする方が好きです。そのため、自分が聞き手になる必要がある場面でも、よほど気をつけていないと、いつの間にか話し手に代わってしまうというのはよくあることです。

子供やパートナー、家族や部下など、何か悩みや問題を抱えている人を話し相手にするときは、さらに要注意です。そのような状態の相手は話すのをためらいがちになるため、自分は聞き手に徹するよう心がけ、話し手にならないようにする注意が必要です。そう心がけていると、しゃべり過ぎることがなくなります。

聞いている時間は長く、話している時間は短く感じる

よく、「他人の話を聞いている時間は長く感じ、自分が話している時間は短く感じる」と言いますが、これは「聞く」ことと「話す」ことの本質を物語っているように、私には思えます。

人間の感覚は、退屈な時間はいつまでも続くように感じ、楽しい時間はあっという間に過ぎるように感じるようです。心理学によると、人は何かをしているときに、時間に

意識が向いているか、それ以外のことに意識が向いているかによって、時間の長さを捉える感覚が異なるそうです。

「どれだけ時間が経ったかな」とか、「終わるまであと何分あるかな」などと時間を意識する頻度が高ければ、時間は長く感じられます。逆に、どんな話をしようかな、あれもこれも話したいなどと、時間以外のことに意識が向いていれば、時間は短く感じます。

つまり、**人は、相手の話を聞くときには意識が会話に集中しておらず、そのため時間の経過ばかりが気になってしまう**ということではないでしょうか。

この話し手と聞き手のあいだに時間感覚の差があるせいで、相手をうんざりさせてしまいます。

ちなみに、プロの聞き手である心理カウンセラーは、自分のことをほとんど話しません。これは、自分のプライベートな話をすることで、相手の心理状態に直接に影響を与えてしまい、カウンセリングの妨げになることを避けたいからですが、もう１つの理由は、自分の話をすると、相手の話す時間を奪うことになるからです。

仕事のマナーで、「いただいたお電話で恐縮ですが」という言い回しがあります。これは「本来ならこちらからお電話してお話しすべきなのに」という意味の他に、「あなたの話す時間を奪ってしまい申し訳ありません」という意味もあります。

相手に、こちらの話が長い、とうんざりさせてしまわぬよう、できるだけ相手に話してもらうといった工夫が必要になるでしょう。

以上のような無意識の動作や振る舞いは、共感ベースの聞き方を実践する上では大きな妨げになります。次章では、どうすれば相手に「聞いている」と伝えることができるかについて、お話ししていきます。

第2章

相手に「聞いている」と伝える技術

――うなずき・相づち・繰り返し

うなずきと相づちの魔法

相手に「聞いている」と伝えるには

第1章の後半で、人はコミュニケーションの中で、言葉だけでなく態度を判断基準にしているということ、そして、相手に対して無意識のうちに「話を聞いていない」というメッセージを発してしまっているということをお伝えしました。

では逆に、相手に「聞いている」というメッセージを伝えるにはどうすればいいでしょうか？　これが「魔法の聞き方」の2つ目のポイントです。話を聞いていることを相手に伝えるためには、「聞いているよ」と言葉で言うのでは不十分です。

まず**基本は、うなずき・相づち・繰り返し**を行うことです。

「うなずき」というのは、言うまでもなく、相手の話を聞きながら首を縦に振る動作を指します。また、「相づち」は、「はい」「ええ」「そうなんですね」など、聞き手の側が返す発声のことです。

このうなずきと相づちが効果的にできていないと、相手はしだいに話すモチベーションを失ってしまいます。このことは第1章で紹介した「地蔵のワーク」の例にも顕著《けんちょ》に現れていました。

とくに電話での会話は、お互いの顔が見えない状況で、互いの話を理解し合いながら進めるために、相づちがなくてはならないものです。対面の会話よりも意識してやや多めに使う必要があります。

ちなみに、プロの心理カウンセラーの聞き方は、ほぼ相づちだけで話を進めるとも言われ、その種類も多く、それぞれに独特の相づちを使い分けています。

例えば次のように、普段の様々な場面で相づちを使い分けられるといいでしょう。

一般的な相づち：「はい」「ええ」「そうですね」
相手に同意できるとき：「おっしゃるとおりです」「同感です」
知らないことを聞いたとき：「そうなんですか！」「知りませんでした」
話に興味を持ったとき：「それは面白いですね」「びっくりですね」「さすがですね」

他にもたくさん種類がありますが、以上ご紹介したものだけでも、相手の話に合わせて様々に組み合わせたり、同じ相づちをニュアンスを変えて使うことで、いく通りものバリエーションを作り出すことができます。

自分の相づちのクセを知る

人によっては、相づちにクセがあります。
例えば、一種類の相づちばかりを何度も繰り返し使っていると、話し手は違和感を感じることがあります。また、ときおり以下のような変わった相づちも耳にします。

「あはい」(「あ」と「はい」の混合)
「ですね」(「そうですね」の短縮)
「なるほどですね」(「なるほど」と「そうですね」の混合)

気にしないという人もいるかもしれませんが、相手によってはかなり違和感を与える場合があります。日常の中で知らず知らずのうちに使っている相づちですが、ビジネスシーンや、初めて話す人との会話では、注意が必要です。
一度、普段自分が使っている相づちを意識してみてください。クセはなかなか自分では気づきにくいので、録音して自分の相づちを聞いてみるのもいいでしょう。

「でも」は使わない

相手の話に相づちを打つのに、「でも」とか、「いえ」とか、「そうじゃなくて」など、何かにつけて否定語からはじめるのがクセになっている人がいます。

話し手：今日、ずっと気になっていたカフェでランチしたんだ
聞き手：でも、あそこちょっと高いよね

プロのセールスマンでも同様です。

話し手：うちの店ではA社の無線を使っているけど、とくに不便は感じないよ
聞き手：いえ、けっこうつながりが悪いと聞きます。セキュリティの高さでは弊社にはかないませんよ

話し手の気持ちは、おそらく「ずっと気になっていたカフェへ行けてうれしい」「現在使っている無線で不便は感じない」というものです。聞き手には、それを否定する権利も必要もありません。話し手は相手にわかってもらえないと、がっかりしたり、嫌な気持ちになります。

もちろん、話し手の意見にまったく反対してはいけないということではありません。もし反対する気持ちがあっても、否定語を反射的に口にせずに、自分の気持ちは横において、まずは相手の話を受けとめます。それから、反対意見を質問に変えて聞いてみるのです。

話し手：うちの店ではA社の無線を使ってるけど、とくに不便は感じないよ
聞き手：そうなんですね。A社さんは人気があって、お店なんかでもよく使われてい

るようです。あまりつながりがよくないとか感じられることもないですか？

話し手：まあそう聞かれると、確かにつながりは悪いね。おたくの会社は料金いくらなの？

優秀なセールスマンは、相手の意見を絶対に否定しません。「いや」「でも」「だから」「は？」などのネガティブな言葉は出さず、たとえ相手が間違っていると思っても、その自分の気持ちを感じながらまずは「そうですね」といったん肯定で受けます。

話をしっかり聞くことで、相手の目線で「プロとしてあなたに必要なものを提供したい」と、損得なしで考えているという印象を相手に与えます。すると「この人のすすめる提案なら」と、信頼を勝ち取ることができるのです。

「はふへほ相づち」でタイミングをはかる

うなずきと相づちは、「ちゃんと聞いていますよ」と相手に伝えるためのサインであり、相手との信頼関係を築く基本となるものです。

そして、うなずきと相づちには、もう1つ大きな役割があります。それは、**対話をするのに必要な2人の間《ま》を取り、タイミングをはかる**というものです。

例えば、話すスピードがとても速い人の話を聞いているとします。そこで、相づちを「はい、はい、はい」という短く速いタイミングで返すとしましょう。

すると、話し手のペースでそのまま話がどこまでも流れていき、こちらの理解が追いつかなかったり、質問や確認の言葉を返すことが難しくなります。また、後ほどお話しする「繰り返し」においては、話し手の文章からどのワードを繰り返せばよいか判断する時間が取れません。

相手の話を聞くときは、「はい、はい」と短く区切らずに、**ゆったりと、落ち着いた口調で相づちを打つ**のがよいでしょう。

息をゆっくり吐き出しながら、あたかも湖にたゆたう小舟で聞いているかのように、ゆっくり体を揺らすなどして、「はあい」「ふうん」「へえー」「ほおー」といった「はふへほ相づち」を打つことをおすすめします。

この「はふへほ相づち」を使うと、話し手の話と、聞き手の声がかぶってしまいます。

よく、相づちは相手の話にかぶらないようにせよ、とアドバイスされることも多いですが、私はそれほど気にする必要はないと考えています。

相手の話にかぶらないことを意識するよりも、うなずきと相づちをした後に、繰り返しや質問をするのに必要な、タイミングとスペースといった間を意図的に作り出すことが重要です。

話し手はそれに気づかずに、そのゆったりした雰囲気の中で、自由に自分を表現できるようになり、安心して話をしやすくなるのです。ぜひ試してみてください。

相手の話とスピードや声のトーンを合わせる

「はふへほ相づち」とは逆に、**うなずきや相づちを、話し手の話すスピード、声の大きさ、トーン、リズム、息づかいなどに、意図的に合わせるというテクニック**もあります。

相手が速く、高い声で話しているときには、聞き手も速く、高い声でうなずきや相づちを打ちます。逆にゆっくり、低い声で話しているときは、聞き手もゆっくり、低い声で返します。楽しい話は楽しく、悲しい話は悲しく、テンポの速い話はテンポよく、ゆったり進む話はゆったりと、相手の表情、態度などを観察し、意識しながらそこに合わせようとします。

こうして話し手のペースに合わせると、お互いの感情がシンクロして、心の距離感を近づけることができるのです。これは、**「ペーシング」**と言い、コーチングのスキルとしても知られています。

そうすることで、聞き手はただ話を受け取るだけでなく、相手の感じている気持ちを、自ら体感的に理解します。これが、気持ちを理解するということです。

これは「相手に寄り添う聞き方」とも言い換えられます。

もちろん「寄り添う」といっても、相手に体や耳を近づけて聞くというわけではありません。話し手と聞き手とでは枠組みやフィルターが違うということを意識しながらも、むしろ違うからこそ、話し手のテンションに自らのうなずきや相づちを意図的に合わせていき、相手の気分や感情を体感することで相手を理解しようとする聞き方です。

これは、俳優が自分とはまったく違う性格の役柄を演じるのにも似ていて、ときには自分のキャラやプライドを捨てて寄り添うことも必要です。

コールセンターのように1日に多くの人々と会話のやりとりをする業務では、相手の話と速度・声のトーンを合わせることで、1人ひとりに新たな気分で接することができ、いい気分転換にもなります。また、明るい話題のときにはトーンを高くしたり、深刻な内容のときは低くしたりと、会話にもメリハリが生まれます。さらに、そうして会話が自分でコントロールできるのを実感すると、仕事がさらに楽しくなりますし、自律性が高まることでストレスも減らすことができるのです。

「はふへほ相づち」と「ペーシング」は一見真逆なことのように思われるかもしれませんが、どちらもその目的は、相手に「あなたの話を聞いている」「深く理解している」と伝えることなのです。

相づちを「話を深めるモード」に変える

営業などの仕事をしている人から、よく次のような相談をされることがあります。

顧客と会話をしていて、質問をしたり、ニーズを聞き出したりしたいのだけれど、相手の話を途中で止めることが難しい。あるいは、いきなり質問を切り出すと、何か相手を取り調べしているような感じがして気まずい、といった悩みです。

確かに、何か話を聞き出そうとして焦ると、相手は聞き手のそうした雰囲気を敏感に察知するため、警戒してしまうことがあります。では、どうすればよいでしょう。

ここでも相づちが重要です。質問をする前の段階で、相手の話を受けるときに、相づちを**「話を深めるモード」**にするのです。

以下で、話を深めない相づちと、話を深めるモードの相づちを比較してみます。

●話を深めないモード

話し手：実はこんなことがあって

聞き手：そうですか、よくあることですね

話し手：そうかな

聞き手：ええ、そうです。それから、どうしたんですか？

相づちとしてとくに問題があるわけではないのですが、これでは、話し手にも話題にも関心を持っていないと伝わってしまうでしょう。そのような状態で質問をしても不自然ですし、無理に質問しようとすると、そこに何か別の意図を勘ぐられてしまうかもしれません。

●話を深めるモード

話し手：実はこんなことがあって
聞き手：えっそうなんですか、それは気になりますね
話し手：そうなんだよ。さらにこんなことがあって
聞き手：へえ、そんなことまで！ それに関係するかもしれないのですが、ちょっと聞いてもいいですか？

以上のように話を深めていく相づちを入れることで、相手に「積極的な関心」を持っているということ、相手とその話に興味を持っているということがきちんと伝われば、相手はさらに話を展開してくれるでしょう。そこで質問をするタイミングができます。相手もこちらの質問や感想を待つ態勢ができて、自然に質問や聞き出しを行うことがで

きるのです。

繰り返しの魔法

オウム返し

基本となるうなずきと相づちをマスターできたら、次に、**「繰り返し」**です。

うなずき、相づちをきちんと行いながら、**あわせて相手の言葉の一部を繰り返すようにする**と、相手に「話を聞いている」という印象を効果的に与えることができます。

まずは初級編からはじめましょう。最初は、相手の話したことをそのまま繰り返す、いわゆる「オウム返し」です。

話し手：昨日、電話がかかってきて、オプションのサービスを契約したんだけど

聞き手：電話がかかってきたのですね
：オプションのサービスを契約されたんですね

このように相手の言った文章の一部をそのままオウム返しするだけでも、「私の話をよく聞いてくれている」「私を認めてくれている」という印象を相手に与えることができます。

相手のどの言葉を繰り返すかですが、これは相手の話した言葉なら、基本的にはどんな言葉でも大丈夫です。ただし、**相手の言い回し、表現は勝手に言い換えず、そのままを使う**ようにしてください。

繰り返しは、慣れていない人にとっては瞬発力が必要になりますので、1日たった1分でもよいので、相手の言葉を確実に繰り返せるように意識して練習をしましょう。

相手の気持ちを繰り返す

相手の話した言葉を適当に選んでただ繰り返す「オウム返し」だけでも効果はありま

すが、ずっとそれだけだと、ただ聞き流しているように感じられるかもしれません。

より効果的なのは、**相手の「気持ち」が表れている言葉を繰り返すよう心がける**ことです。これは、第1章で説明した共感ベースの聞き方をするうえでも、欠かせないポイントになるものです。

繰り返したいのは、**「気持ち言葉」**、つまり話し手の気持ちのこもった言葉です。話を聞きながら、聞き手は自分の感情と相手の感情の両方に意識を向け、相手が話した言葉で、「気持ち言葉」だと自分が感じた言葉を、相手に向かって繰り返します。

例をあげましょう。

話し手：娘が3歳になって、とてもうれしいです

相手がこう言ってきたら、もちろん「うれしい」が気持ち言葉です。「それはうれしいですね」などと、気持ちを繰り返すのがよいでしょう。

では、次の例はどうでしょう。

話し手：娘が3歳になりました

相手がこう言ってきた場合、どの言葉を繰り返しますか？

話し手は、どんな気持ちでこの話をしているのでしょう。娘さんが3歳になったのは喜ぶべきことだから、きっとうれしいに違いないと思われるでしょうか。

実は、答えは「わからない」です。この文章には「気持ち言葉」はありません。気持ち言葉がない以上、相手の心は「わからない」のです。相手にはどんな事情があるかわかりません。もしかしたら、この後に悲しい話の展開が待っている可能性もあります。

こういう場合は、無理に気持ちを繰り返さなくて構いません。

聞き手：ほう、そうですか

これでオーケーです。

相手の話から、どの言葉を繰り返すかは、人の話す内容が、大きく分けて「事柄」の部分と「気持ち」の部分に分かれているため、それを聞き分けるようにすると気持ち言葉が見つけやすくなります。

話し手：昨日、電話がかかってきて、オプションのサービスを契約したんだけど……

この例文から、短いキーワードを抜き取って繰り返すとしたら、皆さんはどの言葉を選びますか？

聞き手：昨日ですね
：電話がかかってきたんですね
：オプションサービスですね
：契約されたんですね

どれもありえる応答ですが、「気持ち」を聞くという視点で考えると、４つ目が最も相手の気持ちを意識した応答と言えます。

なぜなら、「だけど……」の部分には、気分がすっきりしない感じ、何かをがっかりしているような感じがありますから、まずそこに共感するのです。

気持ち言葉を見つけやすくするためには、文章を次のように事柄・出来事と気持ちの部分に分解してみるのも有効です。

事柄・出来事：「昨日」「電話がかかってきた」「オプションのサービス」

気持ち：「契約したんだけど……」

この、「だけど……」に表れる気持ち言葉にフォーカスして、次のように繰り返したり、質問したりすることもできるでしょう。

聞き手：契約されたんですね。「けど」とおっしゃいますと？

「気持ち言葉」の探し方

話し手の気持ちがこもった「気持ち言葉」には、いくつか種類があります。

以下にその例をご紹介しますので、気持ち言葉とはどんなものか、また聞き手がそれを感じたとき、相手にどのように繰り返すのか、参考にしてみてください。

①独特な言い回し

話し手：こんなことが起こるなんて、まさに青天の霹靂《へきれき》です
聞き手：青天の霹靂だったんですね

「青天の霹靂」は、独特な言い回しですね。あまり一般的でない言葉や、珍しい表現、四字熟語などもこれに含まれます。そこには言葉を使う人の心情が現れていたりします。女性と話しているときなど、彼女たちはよく話し手のこんな特徴的な言葉をセンサーのようにくみ取って、面白そうに繰り返します。女性の言葉への感受性と、気持ちへの共感性の高さを実感します。

②「やっぱり」「ちょっと」「ものすごく」「だけど」「かも」「かな」など、文章の前後によく現れる副詞や助詞など

話し手：でも、あのレストラン、ちょっと高いよね
聞き手：そう、ちょっとね

話し手：当時はよくニコニコしていて、幸せだったのかも……
聞き手：そうかも、ね

③「気持ち」を表現するフレーズ
話し手：もう、やってられない！って感じ
聞き手：やってられない、という感じなんですね

話し手：あー、そうなんだって思いましたね
聞き手：なるほど、あー、そうなんだ、と

④話し手が何度も繰り返す言葉、強調する言葉
話し手：今朝、とても早く起きてしまって。なんと6時ですよ、6時！

聞き手：6時ですか！
話し手：俺にはギター！　それしかない
聞き手：ギターしかないんですね

気持ち言葉を見つけやすいように、初めに事柄と気持ちを分けるとよいと話しましたが、ときに事柄の言葉でも強調して使われることで、気持ち言葉になる場合もあります。例にあげた「6時」や「ギター」は名詞ですが気持ち言葉になるケースです（参照：日本傾聴能力開発協会資料）。

相手の言葉は勝手に言い換えない

聞き方について書かれた他の本では、「相手の言葉を別の言葉に言い換えて返すのも効果的」だと教えるものもあります。

しかし、プロの心理カウンセラーは、相手の言葉をそのまま繰り返します。なぜなら、**人は自分の言葉を勝手に言い換えられると抵抗を感じることがある**からです。

似た意味の表現でも、話し手と違う言い方をすると、相手は誤解をされたように感じます。そうすると相手はもう一度繰り返して説明しはじめたりするので、なかなか話が先に進まなかったりします。また、言葉を言い換えるのには時間や労力がかかるので、相手のペースや、会話のタイミングを狂わせる原因にもなります。

話し手：本当に驚いた
聞き手：びっくりされたんですね

このように聞き手が自身のフィルターを通して相手の言葉を勝手に翻訳してしまうと、話し手のニュアンスと微妙なズレが生じることがあります。

「びっくりする」という表現に対して、「驚く」よりも程度が大きいイメージや、「オドオドしている」「ビクビクしている」というニュアンスを感じ取る人もいます。場合によっては、「驚きはしたけど、びっくりしたというのとは、ちょっと違う」とか、「そんなに大げさなものではない」など、話し手に何かスッキリしない感じを抱かせてしまうのです。

また、相手の言葉をそのまま繰り返すと、相手は聞いてもらえていると感じやすくなります。

話し手：やっと、娘が3歳になったんだけど……

このとき、話し手の気持ちを感じ取ることができるのは「やっと」と「だけど」の2つの言葉になります。このとき「やっと」だけを繰り返すと、「だけど」の気持ちがくみ取れません。「だけど」だけ繰り返すと、「やっと」の気持ちがくみ取れません。そのため、2つとも繰り返します。

聞き手：やっとですか。だけど、どうしたんですか？

このように、気持ち言葉が2つあるなら、それぞれ分けてそのまま返すと、話し手にはより気持ちをわかってもらえた感を持ってもらえます。

「やっと」には、娘の成長を願う親の心が、「だけど」には、微笑ましい、喜ばしいこととは真逆のことが、次に言われるのを暗示しています。例えば、やっと娘が3歳になったけど、「父親の自分には全然なついてくれなくて寂しい」などです。

話し手の精神的な世界は、言葉に現れます。言い換えをせず、相手の言葉をそのまま繰り返すのは、相手の言葉を取捨選択しない「鏡」になることで、相手を受け入れていることを伝える意味があります。また**こちらが話し手の言葉を映し出す鏡になり、相手の感情をもクリアに映し出すことで、相手に自分の気持ちを再検討してもらう**のです。そうすることで、話し手が自身の感情に気づくきっかけとなります。繰り返しとは、気持ちの反射なのです。

グチや悪口も「気持ち言葉」で返すとラク

ここで参考までに、相手の気持ち言葉をそのまま繰り返すテクニックを利用して、ストレスを受けずに相手のグチや悪口を聞くという魔法の聞き方をお伝えします。

序章でもお話ししましたが、聞かされたグチや人の悪口を自分に中に取り込んでしまうと、同感や同情することで一緒に怒ったり悲しんだりして、精神的にも肉体的にも非常に疲れます。

グチを聞く厄介さは、人間関係にも影響します。

話し手：あの課長さ、本当にいい加減にしてもらいたいよね。もう我慢の限界だよ

聞き手：わかるよ。他のマネージャーからも信頼されてないみたいだよ。まったく困った人だね

このように他人のグチなどを言った人に同感して聞いてしまうと、一緒になって悪口を言っていたと噂をされたり、共犯者扱いをされてしまうこともあります。

だからといって何も言わなかったり、他人の悪口に批判的なスタンスをとれば、どうもあの人は善人ぶっていると言われたりします。同感するかしないかでグチを聞くと、いずれの聞き方もうまくいきません。

そこで、傾聴の聞き方、共感する聞き方が威力を発揮します。グチや悪口を聞くときは、これまでお話ししてきたように、**相手の話す「事柄」にではなく、あくまで相手の**

「気持ち」に共感して聞きます。

話し手：あの課長さ、本当にいい加減にしてもらいたいよね。もう我慢の限界だよ
聞き手：そうか、もう我慢の限界なんだね

例にあげたように相手の感情と自分自身の気持ちを関係させない聞き方、共感的な聞き方をすると、浄化作用の働きで、グチを言う方も楽ですし、ストレスの解消になります。そして気持ちに共感されることで「わかってくれた」と落ち着いていきます。

また聞き手も心を破壊されることなく、健康でいられ、かつ相手からは好かれるのです。

話のポイントを伝え返す

相手が話をひと通り話し終えて一段落したら、次に、それまで聞いた内容のポイントを伝え返すことをおすすめします。

相手が話しているうちは、話をさえぎらないように聞きながら、ただうなずいて、相づちを打つだけでも十分です。

しかしそれだけだと、話が一区切りついたときに、相手は、自分の話の、どのポイントをどのように理解してくれたかはっきりせず、物足りなくなったりします。聞き手が黙って聞いているだけでは、自分の話が面白くないのか、興味がないのかと不安になったり、批判されているようにさえ思ったりします。

そこで、共感したことを言葉にして伝え返すのです。

相手の話したことを、とくに気持ち言葉をポイントに、こちらがどのように聞いて、どう受けとめたのかを「こういうことなんですね」と言葉で返すと、こちらが共感しているだけでなく、理解もしていることが伝わりやすくなるのです。

かりにこちらの理解が間違っていても、相手はそれを正しく言い直すことができますし、相手も少しがんばって話す気になってくれます。

これは、心理カウンセリングで実際に行われている聞き方で、プライベートなどでも、**とくに初めて会う人や、一期一会の電話応対などでは、自分がどう理解したかを言葉で伝え返すのが有効**です。**よく知っている相手と話すときより、やや多めに伝え返せ**

るように意識するとよいでしょう。

このように、自分の「積極的な関心」が相手に伝わると、相手も自分の考えや感じていることを伝えようとしてくれて、聞き手と話し手のあいだに信頼関係が生まれます。

相手の気持ちを要約することはできない

聞き方についての他の本などではよく、この「伝え返し」を、相手の話を「要約」することと同じ意味で使っていることがあるのですが、本書では、この2つを別のものとして捉えています。

「伝え返し」は、相手の話を聞きながらも、**こちらには理解しきれていないことがあるという姿勢で、相手に「○○ということでしょうか？」と確認をすること**です。

要約とは、相手の話を聞き、しっかり理解しているという前提で、相手に「つまり○○ということですね」と断定形で話すことです。

たいした違いではないと思われるかもしれませんが、とても重要なポイントです。

心理学には、**人が何を考えているかは他人には結局わからない**、という前提があります。それをもとにした傾聴も、ちょっと話を聞いたくらいでは相手をとうてい理解できるものではない、だからこそ、「理解しきれていないことがある前提」で、「〇〇ということでしょうか？」と確認をしなければならないのです。

人が本当に「聞いてもらえている」「わかってくれている」と感じるのは、話の事実関係を理解してもらえたときではありません。相手のわかりにくい話を、うまく要約して返すことができれば「ちゃんと聞いている」ことになると考えるのは、危険なことなのです。事実関係、事柄だけでなく、事柄に対する気持ちがずれていないかの確認が必要なのです。

そのとき、事実関係は要約することができますが、事柄に対する気持ちは要約することはできない、だから「伝え返す」のです。

「本当に話したいこと」を聞く

心理カウンセリングをしていると、クライエントが、本当はAについて話をしたいと思っているのに、別のBについて相談をしてしまう、ということがよくあります。

例えば、経営している会社の資金繰りの悩みを打ち明けてきた男性がいるとします。その悩みを深く掘り下げて聞いていくと、本当は奥さんにもっと優しくしてほしいという気持ちが隠れていて、それについて相談したかったということがわかったりします。

ここでの奥さんに対する悩みにあたる「本当に話したいこと」を、カウンセリング用語で**「主訴《しゅそ》」**と言います。

コールセンターにも多くの人々が、様々な困りごとや悩みを何とかしてもらいたい、助けてもらいたいと思って連絡をしてきます。いつもなら1分でも時間をムダにしたくないと思うような人が、電話がつながるまで何分も待ち続けたりします。

そのコールセンターが電話会社だったら、連絡してくる人々の相談は、電話やインターネットに関する「問い合わせ」の形をとっています。しかし、心の底ではただ問い合わせをするだけでなく、自分の「気持ち」をわかってもらいたい、「心情」をくみ取ってもらえるようなサービスを受けたいという思いがあるのです。

前章でお話ししましたが、20年前に私が最初にクレームを引き起こしたとき、私はその男性の問い合わせの内容だけを聞き、問い合わせに隠された気持ち、とにかく何とかしてほしいという「主訴」を聞けていなかったのです。

「魔法の聞き方」では、そうした相手が本当に話したいこと、「主訴」は何かを意識して耳を傾けることが必要になってきます。

「伝え返し」とは、要するに、話し手が伝えたい感情的な「主訴」について、こちらが理解していることが、話し手の感覚とずれていないか、間違っていないかを確認する方法です。

繰り返しますが、人が「わかってくれている」と感じるのは、事実関係を理解してもらえたときではありません。事実関係、事柄だけでなく、事柄に対する気持ちを理解してもらえたと感じたときであり、その気持ちがずれていないかを確認するために、伝え返しをするのです。

伝え返しのワーク

日本傾聴能力開発協会では、この伝え返しにもワークを用意しています。それが、次にご紹介する**「他己《たこ》紹介」**です。

他己紹介のワーク

2人ペアになり、Aさんと Bさん、それぞれが相手に5分間ずつインタビューをします。このとき、インタビューの後に、AさんはBさんを、BさんはAさんを他の人に紹介するつもりで、様々な視点からインタビューします。ただし、メモを取ってはいけません。

次に、グループ内で発表（紹介）する順番を決め、「他己紹介」をします。発表する以外の人は、発表者に集中して他己紹介に耳を傾けます。1人発表するごとに、他己紹介された人は、①「そのとおり」と思えたところ、②「それはちょっと違う」「ずれている」「間違っている」と感じたところの、2つの視点からコメントします。

以下、グループ全員で同じことを繰り返します。

このワークを実際に体験してみると、様々な気づきを得られます。2人でインタビューを終えた後、グループ内でインタビューした相手を他己紹介するのですが、紹介された側は、「そういうつもりで言ったわけじゃないのに」と思える箇所が、たくさん出てきます。
以下は、Aさん（60代の女性）と私が実際にワークを行ったときの例です。

●インタビュー時

Aさん：渡辺さんの、学生時代の一番の思い出は何ですか？

私：子供の頃から人の話を聞くのが好きだったので、大学のときは、外国人留学生たちの相談相手になっていました。その1人に同い年のアメリカ人の女性がいて、その人とお付き合いしたのですが……、付き合ううちに、価値観の違いからでしょうか、なぜか彼女の話を聞くことができなくなってしまったんです。あるとき寮の私の部屋で彼女が挿し入れた手紙を見つけるのですが、そこには「聞いてくれるだけでいい」と記されていたんです……

これはあくまで私が話したことを短く要約したものですが、実際のワークでは5分間ひたすら話し続けるため、かなりの情報量になります。そこで話された内容をきちんと正確に聞き取って伝え返しができるには、プロのカウンセラーレベルにならないと難しい、ということはお伝えしておきたいと思います。

●グループで他己紹介をしたとき

Aさん：渡辺さんは、学生のときに、とても英語が堪能でいらして、よくアメリカのお友達とお話をされていたそうです。それから、外国人の彼女さんとお付き合いされていたのですが、価値観の違いから別れてしまった、とのことでした。

いかがでしょう。事柄・出来事という面では、ある程度要約ができていると言えます。しかし、私の伝えたかった「主訴」は、きちんと伝え返されているでしょうか。

実はこのとき、私はAさんの他己紹介に自分の話したこととのズレを感じました。「そこじゃないんだよな」という違和感と、気持ちをわかってもらえていないというもどかしさです。

すでに「気持ち言葉」の探し方について読まれた皆さんはおわかりかもしれませんが、Aさんの伝え返しは、事柄・出来事がメインで、そこにあまり私の気持ちはありません。さらに、これは傾聴のワークだったため、私は「話を聞くこと」を主題にした話をしたつもりだったのですが、その意図も十分に伝わっていなかったようです。

私の気持ちは、「その人とお付き合いするのですが」に続く、「話を聞くことができなくなってしまった」にあり、そして「手紙を見つけるのですが」に続く、「そこには『聞いてくれるだけでいい』と記されていた」にあったのです。これをAさんは、ご自身のフィルター、色眼鏡を通して、「英語」「外国人の彼女」など、Aさんが反応したトピックだけをまな板の上にのせて聞かれていたわけです。

もちろん、事実は事実なので間違いではありません。しかし、「ですが」という気持ち言葉を暗示するサインから後の部分が、私の主訴だったのです。

みんな自分の聞きたいようにしか聞いていない

まるでAさんの聞き方が特別下手だったように思われたかもしれませんが、では、そんな私はどうだったでしょうか。次に役割を交代して、私が聞き手になりました。

●インタビュー時

私：Ａさんは、東京のどちらのご出身なんですか？

Ａさん：私の夫の父の弟の実家は……（ここで家族関係が複雑なため、すでに聞き取れなくなっています）昔から版木の職人をしていて、何度か引越しをして、現在は江戸川なんですが、以前は東銀座で……（ここで、私は東京の地名に詳しくないため聞きにくくなってます）…ということなんです

●グループで他己紹介をしたとき

私：ええと、Ａさんのご実家は、昔から東銀座で版木の職人をされていて……

早くもこの時点で、Ａさんから「それ違います」と訂正が入ってしまいました。地方在住の私は東京の地名にさほど詳しくなく、話についていけずに、地名が何度か出てきた時点で話が聞きにくくなっていました。

唯一、私が以前に銀座の喫茶店で編集者と待ち合わせをするために降りた地下鉄の駅が「東銀座」だったため、その名前だけが印象に残っていたのです。つまり、私も自分

のフィルターを通して話を聞いていた、ということがわかります。

人というのは、自分の聞きたいようにしか相手の話を聞いていない、自分の見たいようにしか世界を見ていないというのがよくわかるワークです。

そして、お互いにそういうフィルター、枠組み、受け取り方の違いを共有し、伝え返しをしていく中で、より相手の話の主訴をくみ取れるようになり、話を聞く精度が向上していくのです。

伝え返しで仕事のミスも減る

相手の話や言葉を伝え返すと、「あなたの話を聞いていますよ」と伝わることになり、相手の信頼を得やすくなります。伝え返しの効用はそれだけでなく、**復唱することで何を話したかを確認できるため、仕事上のミスが減ります**。

例えば、仕事で電話のやりとりをしていると、数分で終わることもあれば、数十分から1時間もの長丁場になるケースもあります。とくに話が長引くと、相手が話した重要なことを見落としてしまい、誤った手配の原因になります。そうならないために、相手の話や言葉を繰り返す復唱はとても重要で、どんな経緯で何を話したのか、また結論は何なのかを、あらためて確認できます。

復唱をすると、自分が何を話したのか整理できるだけでなく、相手も何を質問して、どんな回答を得られたのか、それによって課題や疑問は解消できたのか、頭を整理できます。**相手に、この「頭が整理された感」を持ってもらうことはとても大切**で、相手の納得感や満足感を高めます。

復唱を行うと、相手に伝えなくてはならない情報の脱け漏れがなくなり、こちらから再度相手に電話をかけたり、逆に相手から確認の電話がかかってくることが少なくなります。結果として業務がスムーズになり、スピードアップにもつながります。

質問の魔法

「わかったつもり」にならないために質問する

ここまで、うなずき・相づち・繰り返し、そして伝え返しについてお話ししてきました。次に、**「質問」**について説明したいと思います。

相手の話を伝え返すことには、「やわらかい質問」という意味もあります。

伝え返しは、話し手が本当に伝えたいと思っている「主訴」について、こちらの理解が話し手の感覚とずれていないか、間違っていないかを確認するための方法でした。

あくまでも聞き手である自分が、相手の話を「正しく聞くために」、相手に確認するのです。それが共感ベースの聞き方において「質問する」ということの意味です。

むやみに質問を行うのはいけません。まずはしっかり相手の話を受けとめます。相手が沈黙したとしても、しばらくは待ちます。話が一段落したと判断したら、繰り返しや伝え返しだけでなく、より相手の気持ちや思いを明確にしたいときに、質問をします。

わからないときは思いきって相手に聞いてしまおう

傾聴の会話で相手の気持ちを聞く場合も、一般の会話で事柄・出来事を聞く場合も、相手の言っていることが理解できないときには質問が欠かせません。

例えばビジネスの会話で事柄を確認するときも、以下のように正直に質問します。


「私の勉強不足ですみません、少しお話がわかりづらいのですが……」

「わからなくて申し訳ないのですが、こういうことでしょうか?」


かつてコールセンターで私が聞いた電話応対で、3階建てのビルに無線を設置するというケースがありました。担当者の女性は、その建物の設計者と話をすることになったのです。

設計者の男性はネットワーク関係の知識に習熟した人で、ベテランの女性オペレーターでも専門的な話についていけない場面が何度かありました。話は容赦なく続き、彼女は「聞いている」というよりも、相手の話に振り落とされないように「何とかくらいついている」という応対でした。それでもどうしてもついていけなくなったときに、女性オペレーターが放った言葉がまさに、「すみません、勉強不足で少しわかりづらいのですが」「わかっていなくて申し訳ないのですが、こういうことでしょうか」という言葉でした。もちろん、電話応対のプロがいつもこれでは困りものです。ただこのケースでは、オペレーターの女性がかなりの専門知識を持っていることを、私は知っていました。おそらくはそんな彼女だからこそ言えた「教えてください」という言葉を聞いたとき、私の目には、電話応対をしながら深々と頭を下げている彼女の姿が浮かび、ある種の迫力さえ感じられたのです。

そこから、話の流れが変わります。

それまで、そんなこともわからないのか、といった態度でまくし立てていた設計者の男性は少しのあいだ黙り込みました。そして、今度はまるで人が変わったように、言葉の1つひとつを選び、まったくの素人に話すように、とてもわかりやすく説明をはじめたのです。

難しい内容を、誰にでもわかるように話すことは、きちんとした理解と知識がないとできません。この設計者の男性がプロフェッショナルであることもわかりましたが、女性オペレーターの「教えてください」という姿勢にも、相手に対する真摯《しんし》さが感じられた応対でした。

「聞いてもらえない」は「質問してもらえない」？

現代人が話を「聞いてもらえない」と言うときには、2通りのパターンがあるように思います。

1つには、聞いてくれる相手がいない、聞き手に時間がなくて聞いてもらえないという状況が考えられます。

もう1つのパターンは、相手に気にかけてもらえない、自分に関心を持ってもらえないという状況です。

本書ではここまで、「聞く」というように「聞」の字を使ってきましたが、誰かの話をきちんと聞くためには、ときに「訊《き》く」（＝尋ねる、質問する）ことが必要になります。

人が、「誰も話を聞いてくれない」と言うとき、それは「訊いてくれない」である場合があるのです。そのため、効果的に「訊く」、つまり質問するテクニックが必要になるのです。

ときどき、質問しなければならない状況なのに、何も質問が浮かんでこないという人がいますが、そういう人は要注意です。それは、**すぐに「わかったつもり」になっている可能性がある**からです。

会話において、いまここで語られていることは、相手の思いや考えの全体のほんのわずかな一部分にすぎません。だから、こちらから質問して、相手の世界をより広くわかろうとすることが必要なのです。そういう人は、わかったつもりではなく、本当にわかるために質問をするようにしてください。

こちらから話さなくても、会話がスムーズに続く

相手に共感して話を聞くために、一見興味がないと思える相手にも「積極的な関心」を持つことが必要です（そのためのテクニックは第3章の「興味モード」のところでも詳しくお話しします）。

ただ、一般の会話では、もともと興味のない相手に興味を持つということはなかなか

難しいかもしれません。そこで、相手に興味があってもなくてもできる方法として、なかなか話してくれない相手から話を引き出すのに有効なテクニックをご紹介しましょう。

自分に興味や関心を持ってもらえたり、気にかけてもらえたり、いろいろ聞いてもらえたら、誰でも悪い気はしないものです。

まず最初に、パッと見てわかる相手の外見から、相手のこだわりポイントを探してみるのも有効です。個性的なアクセサリーや小物、バッグを身につけていたり、服のコーディネートなどには、自分が他人に「どう見られたいか」、自分が他人に「どんなメッセージを伝えたいか」が現れますから、そこを褒めたりして、つついてみると、相手から様々な話を引き出せることがあります。

ただし、初対面の場合は無難なところにとどめ、相手の容姿《ようし》などには言及しないよう気をつけてください。

「無知の姿勢」で質問する

また、相手についてすでに知っていることでも、あえて知らないふりをして質問するのも有効です。自分は知っている、ということにこだわっていると、以下のように会話がうまく展開しません。

聞き手：○○さんは、食べ歩きが好きなんですよね
話し手：はい。そうですね
聞き手：知っていますよ。日本酒もお好きなんですよね
話し手：ええ。そうですね

この例の「知っていますよ」以下の文章は不要でしょう。もし知っていても、相手が話したいことを先回りして話すのではなく、**「無知の姿勢」を意識して質問で返す**と、話が続くだけでなく、以下のように自分の知らない新たな情報も引き出せるかもしれません。

聞き手：○○さんは、食べ歩きが好きなんですか？
話し手：はい。そうですね
聞き手：お酒も飲まれるんですか？
話し手：そうですね、日本酒が好きなんですが、酔ってしまうので、最近はビールばかりです

ここでは、知っていると思っていてもそれを表に出さずに、話を先回りしなかったために、話し手の「酔うことを気にしている」という情報と、そのため「最近はビールばかり飲む」という新しい情報を引き出すことができています。

また、なかなか話してくれない人は、「自分の本心を知られたくない」「嫌われたくない」などの思いがあるせいで、そうなっている場合があるため、まずこちらが自己開示して、自分がこういう人だと相手に知ってもらうことで、相手は安心して話せるということもあります。

ただ、以上のようなテクニックを使って、それでも話さない人には、話さない理由、

話したくない理由があるのですから、無理に話を引き出さないという点は、傾聴も一般会話も同じです。

問いかけを使い分ける

質問には、相手が「はい」「いいえ」など一言で答えられる回答を求める**「閉じられた質問」（クローズド・クエスチョン）**と、相手の語りの広がりや深まり、自己内省を求める問いかけとして**「開かれた質問」（オープン・クエスチョン）**の2種類があります。

例えば、次のような相手に質問をするとします。

話し手：うちの店ではA社の無線を使っているけど、とくに不便は感じないよ

● **クローズド・クエスチョンの場合**

聞き手：そうなんですね。ちなみにA社さんは、ご自身でお選びになられたのですか？　それともどなたかからの紹介ですか？

●オープン・クエスチョンの場合

聞き手：そうなんですね。ちなみにA社さんにされた経緯を聞かせていただいてもよろしいでしょうか？

一般的にクローズド・クエスチョンは、相手の情報をピンポイントで得たい場合は有効ですが、あまり使い過ぎると尋問や誘導をしているようになってしまいます。

これに対してオープン・クエスチョンは、相手に自主的に話してもらうのを促す質問のため、語りに広がりが生まれ、話し手が自分のことについて考えるきっかけになります。

そのため、最近ではコールセンターの電話営業などでもオープン・クエスチョンを使いましょうとすすめられたりするのですが、これも使い過ぎたり、相手とある程度の関係性ができていない状況で使うと、かえって相手に混乱や不安を生じさせてしまいます。

そのため、**状況を見ながら、まずはあえてイエスかノーで簡単に答えられるクローズ**

ド・クエスチョンで問いかけてから、少しずつオープン・クエスチョンへ移していくといった工夫が必要です。

相手が尋ねられたい、あるいは尋ねられてもよいと思っているであろうことを意識して問いかけるのがポイントです。

「なぜ」「どうして」はなるべく使わない

日常会話では、相手に質問するときによく使われる「なぜ」「どうして」などの言葉ですが、「共感」ベースの聞き方を行うときには、あまり適していません。

これらの言葉は「あなたの言っていることはおかしい」「あなたの発言には理由なんかないはずだ」というニュアンスを与えることがあるためです。

言われた方は、理由を聞かれているというよりは、非難されている、責められていると受け取ってしまうことがあるのです。

共感ベースの聞き方は、無理やり相手に話させるテクニックではなく、できる限り話し手が自由に話せるようにするもので、相手が話したいことを聞く、ときに話さないでおくことも自由に選択してもらいます。「なぜ」「どうして」と聞くことは、相手にとっては「余計なお世話だ」ともとられかねません。

理由について質問してはいけないということではありません。以下のように言い換えるのがよいでしょう。

「では**なぜ**家庭用のセキュリティをお使いなんですか？」

↓

「家庭用のセキュリティをお使いなのは、**何か理由がおありですか**？」

「**どのような経緯で**家庭用のセキュリティをお付けになったんですか？」

ここでも、魔法の聞き方のスイッチを意識していただきたいのですが、親しい人との日常会話などでは「なぜ」「どうして」を普通に使って問題ありません。

傾聴で相手に質問をするときは、相手の気持ちを明確にし、受けとめるという目的のときに限られます。

「なぜ」という言葉には、相手の気持ちを理解したいというより、事柄を明確にしたいという、聞き手側の疑問を解消するという都合しかなく、共感ベースの聞き方ではないのです。

「なぜ」や「どうして」を使わずに理由について質問をする聞き方をいくつかご紹介します。

「どうして家庭用のセキュリティをお使いなんですか？」

①思いを直接聞く

「家庭用のセキュリティを使おうと思ったのには、どのような思いがあったのですか？」

②比較、仮定、逆を聞く

「もし家庭用のセキュリティじゃない場合、どのように思いますか？　何か違いはありますか？」

③過去のやり直しを聞く

「いま、家庭用のセキュリティを選んだときに戻れるとしたら、何を選びますか？」

④現在を聞く

「いま、私の話を聞いてどう感じていますか？」

⑤つながらない部分を並べて聞く

「先ほどお話しになった『回線が重要である』というお話と、今お話しくださった『家庭用のセキュリティを使っている』という話は、私の中ではうまく結びつかないのですが、そこはどんな関係（感じ）になっているのでしょうか？」

（参照：日本傾聴能力開発協会資料）

繰り返すか質問するか、それが問題だ

相手の話を繰り返すか、質問するかは、そのときの状況によります。

質問しなくても、相手の話を繰り返すことで明確化できると判断したときは繰り返しますし、判断に迷ったときはとりあえず繰り返しをして、相手の話を、間を取って受けとめながら、その後に質問するか考えます。

質問が威力を発揮するのはどんな場合でしょうか。ここで1つ例をお話しします。カウンセリングをしていると、よく「当たり前のことができないのだが、どうすればいいか」という類いの相談を受けます。

学校に行くのが当たり前なのに行けない、会社へ行けない、働けない、就職活動ができない。他の人が当たり前にできていることが、なぜ自分には、うちの子供には、できないのか、といった相談です。

それに対して、例えば、次のように理屈を使って答えることは簡単でしょう。

「あなたの言う『当たり前』は、世間で多くの人がそうしているから一般に当たり前と言われているだけで、それがいまのあなたにとってそうであるとは限りません。あなたには、現状こそが当たり前なのですよ」

しかし、仮に相談者さんがこの話をなるほどと思ったとしても、心の葛藤が収まるわけではないでしょう。「当たり前っていったい何?」などとさらに悩むことになるかもしれません。そして、やっぱり自分はダメだなどと考えがちです。

そんなとき、「魔法の聞き方」が威力を発揮します。あえて右のような「当たり前の定義」など説明することなく、本人、あるいはお母さんが抱いているであろう、「当たり前って何？」に、ダイレクトに働きかけます。

以下のように繰り返しをした上で、質問で返してみます。

話し手：なんでうちの娘は、みんなが当たり前にしていることを、できないのでしょうか？

聞き手：みんなが当たり前にしていることができないんですね。（繰り返し）あなたがお考えになる「当たり前」って、どういうものなんですか？（質問）

もっともな理屈や定義などを説明されると、人はなるほどと思って、それ以上は自ら考えなくなったりします。

しかし傾聴されて、自分の言葉を繰り返されたり、質問されることで、自分の言葉（考え）を鏡に映され、自ら検証をはじめるのです。すると、１つの側面からの限られた定義ではない、解釈の地平が広がったりもします。

問いを生きる

本章の最後に、質問するということに関連して、少し私の考えを述べさせてください。結論を先に言えば、**共感ベースの聞き方の根幹には、「問いを生きる」という考え方がある**のではないかと私は思っています。

例えば、不登校の子供やお母さんにしてみれば、自らに問いかけることで、「当たり前に」学校へ行っている友達たち以上に、どう生きるのかを模索をしている時期ではないかと思うのです。

就職活動がうまくいかずにすべて断られた人なら、断られるべくして断られた、つまり「あなたの道はその会社へ就職することではない」というのを、早い時期に人生から教えられているともとれます。もちろん当人はそれから悩むでしょう。自分はいったいどう生きていったらいいか、何に向いているのか、何がしたいのか。そして自らに対して、そんな問いかけができる時期は、人生最大のチャンスです。

当たり前に就職し、当たり前に昇進し、当たり前に退職できた人が、老齢になってから、私の人生これでいいのか、これからどうしたらよいのかと問いを抱くこともあります。そのような人が、10代とか20代に、あるいは立ちどまったり、自分が遠回りしていると感じられる時期に、同じ問いを自分にかけていたら、また違う人生を選択する機会もあったかもしれません。

話を聞いてほしいと自分のところに相談に訪れた人たちが、まさにその人生最大のチャンスの時期だとしたら、その問いを生きている彼らをそのまま受け入れ、共感することが、何より大切ではないかと、私は思うのです。

毎日なんとなくつまらない、いつも退屈している、充実しているはずなのにそう思えない、何のために生きているのかわからない。私はいつも、こんな「問い」を多くの人から聞いています。

自分の本当にやりたいことが見つからない、なかなか理想の自分になれなくて疲れてきた、希望していた仕事に就いたのに何か違う。あるいは、やりたいことは見つかったけど、どこかむなしい。バリバリ仕事はしているけど、何のためにやっているのかわからなくなる。結婚して家庭を持ったのに、なんだかすごく寂しい。稼いだお金が数千万、数億になったのに、想像していた豊かさを感じない。

私はかつて、ある17歳の少女と知り合ったことがあります。地元のカトリック系の女子高に通う明るい子で、私に様々な悩みを打ち明けてきましたが、いつも決まって話の最後に「人はなぜ生きるんですか」という問いをぶつけてくるのでした。

もし聞き手が私でなかったら、そんな問いを面倒くさいと感じてスルーしたり、「そんなこと言ってないで遊びに行こう」などと適当にはぐらかすかもしれません。それがふさわしい対応とも言えるし、多くの場合私たちはそのようにして生きています。

ただ私はどうしても想像してしまうのです。また1人になったとき、彼女はまた同じ問いを心の中で繰り返して悩むのだろうと。

かくいう私も、10代の頃から同じ問いを自らにしてきて、その答えを大学で学ぶ心理学や文学の世界に探したり、本の中に探したりしていました。それを知っていた彼女は、私ならどう答えるかという興味から聞いてきたのかもしれません。

当時大学生だった私には、彼女より少しばかり知識はあっても、人生経験の蓄積はありませんから、多くの人の悩みを聞いてきた現在の自分のように、彼女の「問い」をしっかり受けとめることができませんでした。そこで、私は彼女に、「問いを生きる」という話をしました。

19世紀末のチェコに生まれた詩人ライナー・マリア・リルケは、こんなことを言っています。

「私はできるだけあなたにお願いしておきたいのです。あなたの心の中の未解決のものすべてに対して、忍耐を持たれることを。いますぐ答えを探さないでください。いまはあなたは問いを生きてください」（『若き詩人への手紙・若き女性への手紙』高安国世訳、新潮文庫）

高校生だった彼女は、それから生きていく中でより深い悩みに出くわすことになるでしょう。そして彼女は自らに問いを繰り返すでしょう。その中で自ら考え抜き、見識と、智慧と、生きる価値を見いだしていく、そう信じて、私は彼女にそのメッセージを贈りました。

当時の私が経験から話せることといったら、せいぜい小学校の思い出くらいでした。私の担任は、6年間すべて女性教師だったのですが、彼女たちは私にすぐに答えを言わずに考えさせたり、いく通りもの答えを出させて、クラスで発表させたものです。そうして自ら考えることで、自分とは違う他者を理解できるようになり、他者を認めることもできるようになる。私は小学生の頃、いつも元気に手をあげて、自分なりの考えを発言するのが好きだったのを思い出しました。

現実を生きていく中で、たとえ悩みがなくなることはないにしても、悩みとは何かをより理解し、いたずらに悩みばかり抱いて自らを不幸にしてしまわないよう願いながら、私は彼女にそんな話をしたのです。

悩みではなく、問いを生きる。私たちは生まれたときから、この世界から深い慈愛をもって、生に見捨てられることなく、そうしてあえて問いを与えられながら生きているのかもしれません。

相手の気持ちを受けとめ、相手に「聞いている」と伝える「魔法の聞き方」のもとにある「傾聴」とは、たんなる話を聞くためのテクニックにとどまらず、人が生きていくということ、人と人とが関わるということに深く根ざした哲学であるようにも思えるのです。

第3章

ストレスフリーに聞く技術

聞くことがもたらす大きなストレス

聞くことさえきちんとできればストレスは消える

人のストレスの9割は人間関係、コミュニケーションにあると言われます。ということは、コミュニケーションの要である「聞くこと」がきちんとできれば、ストレスの多くは回避できるはずです。

コールセンターで問い合わせを受ける電話オペレーターは、顧客からの激しいクレームの対応などもしなければならないため、ストレスの多い業種だというイメージがあるのではないでしょうか。確かに、一般にコールセンターは離職率が高く、働きはじめてもすぐに辞めてしまう人も多いのが現状です。

オペレーターたちのストレスの原因は、クレームだけではありません。当然ですが、問い合わせをしてくる顧客は、オペレーターにとって都合のいい話をしてくれる相手とは限りません。

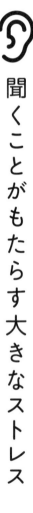

ときに自分の知識や能力を超える専門的な話を聞かされることもありますし、自分には理解できないような意見やパーソナリティを持つ人の話を聞くこともあります。オペレーターも人間ですから、そういう話をうまく受け流すことができず、ひたすら我慢しながら話を聞き、ストレスをためてしまうこともあります。

人の話を聞くこと、あるいはうまく聞けないことがストレスになると、そこで会話のやりとりがぎくしゃくしてしまい、新たなクレームになってしまうケースもあります。

プロであるオペレーターでさえこうなのですから、普通の人たちはなおさらです。

例えば、相手が話し終わるのを待ちきれずに、話に割り込んでしまったり、結論が見えない話を聞き続けることにうんざりしたり、自分の意見を言わないでいることにイライラする方もいるでしょう。

本章では、第1、2章で説明した「魔法の聞き方」をベースにしながら、話をストレスフリーに聞く方法について、より具体的に詳しくお話ししたいと思います。後半では、とくにストレスを感じやすいと想定される場面をいくつかのパターンに分けて、聞き方のコツやテクニックについて説明していきます。

受け身で聞くと疲れる

コールセンターのオペレーターは、他の産業の就労者に比べて、ストレスやメンタルヘルスの問題を抱える傾向が強いという調査報告があります。

イギリスの安全衛生庁が、国内36カ所以上のコールセンターで働く1100人以上のスタッフを対象に大規模な調査を行いました（「コールセンターにおける心理社会的リスク要因――ワークデザインと満足度の調査」）。

報告書では、コールセンターでの電話応対をストレスの多いものにする要因を割り出しています。まず、時間のプレッシャーの中で多量のコールを手早く処理しなければならない「仕事量の多さ」、繰り返しの多い仕事において、自分の能力を十分生かすことができないと感じる「単純反復作業」の問題、そしてていねいな対応と対話時間の短縮など「対立する課題」の問題などです。

さらに、改善策として「オペレーターの自律性を高めて、もっと自分の仕事をコントロールできるようにすることでストレスを減らすことができる」という結果も報告しています。

この調査が示しているのは、話を聞くときに、「聞く」という行為がひたすら受動的なものだと捉えていると、ストレスやメンタルヘルスの問題を抱えやすくなるということです。

つまり、逆に、**聞くことに対して聞き手が主役となり、意欲的に取り組み、ときに会話をコントロールすることができれば、ストレスは減らすことができる**というわけです。

傾聴は、英語で「アクティブ・リスニング」(自ら積極的に聞こうとすること)とも言います。うなずき・相づち・繰り返しなど様々な方法を使って、自分から相手に関心を持ち、自分から相手の話を聞きに行き、ときにその聞き方、同感するのか共感するのかまで自分で決める。そのような主体的な聞き方をすることで、話を聞くことのストレスを軽減することができるのです。

どうせ聞くなら積極的に

同じ話を聞いていても、なぜかとても疲れる場合と、それほど疲れない場合があります。

第1章でもあげた例ですが、例えば、コールセンターに、以下のように話す女性から電話があったとします。


「ほんと、あんたたちって使えないね！」


皆さんは、突然こんな電話を受けたらどう感じるでしょうか。

普通の人なら、「そんなことはない」「あんたたちなどと一括《ひとくく》りにしないでほしい」「なぜそんなこと言われなきゃいけないのか」「そんな言い方しなくてもいいのに」など、かなりの違和感や反発心をおぼえるのではないでしょうか。

それが一般的な物の見方かもしれませんが、これを**「反発モード」**と呼びましょう。

反発モードで話を聞くと、聞き手は精神的にも肉体的にもとても疲れます。仕事でこのような聞き方を続けていたら、おそらくストレスで病気になってしまうでしょう。

では、どのように聞けば疲れないのでしょうか。ここで、プロの心理カウンセラーの聞き方がとても参考になります。

彼らは、多いときで1日12時間、自分たちが直接に非難されるような話も含めて、ストレスが強くかかりそうな話を聞き続けます。しかし、精神的にはそんなにダメージを受けることはありません。

それは彼らが、話の内容よりも、相手がどうしてそんなことを言うのか、なぜそんな話し方、感じ方をするのかなど、**相手に興味を持って聞いている**からです。

カウンセラーにとって、相手の話は、すべての人が1人ひとり違うフィルターを持っている、ということをあらためて再確認させてくれる教材です。すべての来談者、すべてのクライエントが日々、多種多様な話を通して「人間とは何か」について教えてくれている。そこには倦怠《けんたい》や退屈よりも、やはり興味を感じるのです。

では、そのようなモード、ここでは**「興味モード」**と名づけますが、先ほどの例を、カウンセラーならどう聞くか、試しに考えてみましょう。

「ほんと、あんたたちって使えないね！」と言われたら、即座に「魔法の聞き方」のスイッチを入れて、相手の話を共感ベースで聞こうとする「興味モード」を起動します。

例えば、「彼女はなぜそんな言い方をするのか」と想像します。

どうして彼女は、「使える」とか「使えない」という言葉を使うのだろう？　もしかしたら、彼女自身が、これまで両親や先生から、こういう人になりなさいと言われ続け、自分が「使える人間」にならねばならないことにこだわっているのかもしれない。もしかすると、そうなれない自分に苛立っているのか？　あるいは彼女自身は、自分が使える人間だと思っているのかも、といったように、想像力を豊かに働かせて、様々なパターンを考えます。

臨床心理学を学ぶと、このように人間の言動を解釈する見方がいくつもあることを知ることができます。心理カウンセラーであれば、将棋の定跡《じょうせき》のように、すぐに5つ以上の解釈を想定できる人もいます。

話し手とその言動に対して、自分の物差しにすぎないフィルターにこだわり、1つの見方だけに縛られていると、いつも「反発モード」でイライラしていなくてはなりません。

他人のグチを入れ代わり立ち代わり何時間も聞かされ続けているのと同じで、体が持ちません。また、1つの単純な見方でこの世界を見続けることは、他人の話をとても退屈でつまらないものに感じさせます。

相手がなぜそんな言動をしたのか興味を持って聞くことは、聞くことを仕事にする人にとってだけでなく、すべての人にとって、聞くことを楽にし、心身ともに健康に生きていくための術《すべ》なのです。

もちろん、最初からプロのカウンセラーのようにうまくはいかないかもしれませんが、「興味モード」で聞こうと意識することは、聞くことのストレスを減らすうえでたいへん効果的だと言えます。

他者への「興味モード」を高めるために

臨床心理学を学ばなくても、いろんな本を読んだり、映画を観たりすることで、自分と感じ方や見え方、考え方の違う相手に対して好奇心を持てるようになります。

なぜなら、優れた文学や映像には、その作者の数だけものの感じ方や見え方、考え方が反映されているため、それを最後まで鑑賞しようとすると、ときに自分とはまったく異なる感じ方や見え方、考え方に強制的に付き合わされることになります。

すると、その作品を読んだり見終えた後に、それまでの自分の感じ方、見え方、考え方が変わって、目に映る風景や、世界の見え方まで違って見えてきたりします。

これは文学の世界では**「異化」**と呼ばれている現象です。

心理カウンセラーも、心理学や精神医学などの専門書だけでなく、他のジャンルの本を読み、映画も観ています。クライエントが好きなものがあれば、同じものに目を通します。相手がどうしてそれを見ているのか、それほどまで好きなのかを理解したいがためで、そうすることで相手の立場でものが見えやすくなり、共感しやすくなるのです。

こうした姿勢で相手の話を聞くと、自分とは違う他者に対して、反発モードでイライラすることも減り、逆に興味を抱くことができ、相手の話を楽に聞けるようになります。

どうせ聞くなら「いま、ここ」に集中しよう

ストレスフリーの聞き方の1つ目のポイントは、聞くことに対して受動的にならず、なるべく積極的に聞くということでした。もう1つのポイントは、**なるべく聞くことに集中する**、ということです。

ここ数年、ストレスを減らすための方法として世界中で注目され、グーグルなどの企

業研修などでも採用されている「マインドフルネス」という瞑想の方法論があります。

マインドフルネスでは、「いま、ここ」にいる自分の呼吸や身体の動きなどの感覚に意識を集中する瞑想トレーニングを行います。

私たちは普段、知らず知らずのうちに「いつも何かを考えてしまっている」せいで、絶えず不安や悩みを抱え込んでいます。それがストレスの原因です。

マインドフルネスは、いま、ここにいる自分の身体感覚に意識を集中するトレーニングを積むことで、ストレスを生み出す原因となる思考そのものをストップさせ、ストレスから解放されることを目指しています。

これは、同時に2つ以上のことは考えられないという人間の性質を、逆に利用した方法論だと言えます。いま、ここで行われていることそのものに、意識を強制的に向けることで、他の余計なことを考えられないようにしてしまうのです。

例えば、せっかくの休日に公園で散歩をしているときでさえ、人はあらゆる妄想に浸っています。終わっていない仕事のことや、同僚に言われた一言、嫌いな上司のこと、家庭の問題、そして過去の様々な出来事など、放っておくと、思考は「歩いている」という「いま、ここ」の自分からは離脱し、まるで風船のようにあちらこちらへ飛んで行こうとします。

そのとき、気怠さ、嫉妬、怒り、焦燥、そして後悔など、思考にまつわる様々なネガティブな感情をおぼえます。

そこで、歩くという行為そのものに極限まで意識を向けてみるのです。例えば、「左足を上げる、前に出す、下ろす、着地。右足を上げる、前に出す、下ろす、着地。左足を上げる……」。こんなふうに、頭の中で実況中継をしながら歩きます。

そうすると、意識が「いま、ここ」でなされている動作そのものに向けられ、他のことが何も考えられなくなります。そしてその行為に没頭しているあいだ、あらゆる思考は停止し、その原因となるストレスのレベルが低下するのです。

これがマインドフルネスのトレーニングについての簡単な説明ですが、この考え方は聞き方にも応用することができるでしょう。

私たちは、**人の話を聞いているときに、様々な推測や空想を勝手気ままに働かせてしまいがち**です。話を聞きながら自分の中にわき起こる、そうした雑音やノイズに気をとられていると、「いま、ここ」で話をしている相手や、相手が話している内容自体に意識を向けられません。

話された内容をきっかけに、それが好きか嫌いかとか、よいか悪いかなど、相手とは無関係の自らの思考をいたずらに暴走させるのではなく、**「いま、ここ」で話をしている相手に意識を向け、そのままわかろうとする、認めようとすることが大切**です。

そして、相手が話す内容だけでなく、第2章で説明したペーシングの技法を使い、相手が話す速さ、声の大きさ、トーン、リズム、声音、息づかいに意識を向け、それに同調する聞き方に徹します。

それは、ちょうどマインドフルネスのトレーニングで、歩いているときにその足並みに意識を向けるのと同じです。

マインドフルネスが、意識を身体感覚に集中させるように、「魔法の聞き方」では「いま、ここ」に集中することで、他の雑念をストップし、より相手の気持ちに集中でき、耳を傾けることができるようになります。

そしてマインドフルネスにトレーニングが必要なのと同じく、聞き方にもある程度の練習は必要になってきます。

毒矢を放った者は誰か

共感ベースの「相手中心の聞き方」は、話された内容についてあれこれ考えるよりも、「いま、ここ」で話をしている相手そのものに意識を向けることだと言えます。

仏教に興味深い話があります。初期の仏教経典である阿含経《あごんきょう》に収められた、「毒矢のたとえ」として知られるエピソードです。

あるとき、仏弟子のマールンキャープッタが、ブッダのもとへとやってきて次のように問います。

「この世界は永遠に続くのでしょうか、それともいつか無くなるのでしょうか。世界には果てがあるのでしょうか、はたまた、果てがないのでしょうか。生命と肉体というのは同じものなのでしょうか、はたまた、別のものでしょうか。人は死後も存在するのでしょうか、あるいは存在しながらも存在しないのか、それとも存在するわけでもなく存在しないわけでもないのでしょうか」

弟子の話を聞いていたブッダは、静かに答えました。

「例えば、ある人が毒矢に射られたとする。近くにいた友人や家族はその人を助けようと、医者に見せて早く矢を抜き取ろうとする。しかし、その本人が医者に向かって、『私を矢で射たのはどんな奴か。どんな身分で、何という名で、どんな苗字で、背格好はどのくらいで、肌は何色で、どこに住んでいるのか。それがわからなければ、この矢を抜くな』と言ったらどうなるか。または、『私を射たのはどんな弓か。どんな矢で、矢についている羽根はどの鳥の羽か。それがわからなければこの矢を抜かない』と言ったらどうなるか。その毒矢は抜かれることなく、その人は真実を知ることもなく、いずれ命尽きるだろう」

マールンキャープッタの問いは、この毒矢に射られた人と同じことだと言うのです。

「世界が永遠か、またはいつか無くなるか、その答えをくれない限り、あなたのところでは学ばないと言う人がいたとしたら、答えが説かれる前に、その人は苦しんでいるうちに死んでしまうだろう」

共感ベースの聞き方とは、毒矢を放った犯人を探したり、毒矢の形状について調べるのではなく、さっさと毒矢を抜いて村人を助けることに集中するような聞き方だと言えるのではないでしょうか。

私は相手の話を聞いているとき、よくマインドフルネスと仏教について考えます。話し手はいくつもの話題を持っていて、その話題から次の話題へと話は移っていきます。そのとき、話される話題にばかりとらわれていると、話している当人に意識が集中できなくなります。

「魔法の聞き方」では、その話題の内容よりも、話題を話している話し手がどうなのか、どんなつもりで話しているのかなどに意識を集中することが重要なのです。

嫌いな人の話を聞く

好きな人と嫌いな人を判断する脳と心のシステム

以上、聞くことをストレスフリーにするための基本的なポイントを説明しました。
ここからは、人の話を聞く際に、とくにストレスを感じやすいと想定される場面について、具体的なコツやテクニックを紹介していきます。

まずは、嫌いな人や苦手な人の話を聞かなければならない場合を考えてみましょう。
よく「嫌いな同僚や上司、親戚といった人々とどう付き合ったらよいか」と相談を受けます。誰しも生きていれば、苦手だと感じる人の1人や2人は必ずいることでしょう。プライベートであれば関わらないようにすればいいだけですが、仕事だとそう簡単にはいきません。

私たちの脳には、本人は意識していなくても、何かを認識したときに、それが「好き」なのか「嫌い」なのかを瞬時に判断してしまう仕組みが備わっています。

「扁桃体《へんとうたい》」と呼ばれる、脳の原始的な部分で、危険を察知したりする役割を司《つかさど》っています。はるか昔から、私たちの祖先は外敵から身を守るために、出会う相手や、食べ物などに関して、過去の経験などに照らし合わせて、それが安全か危険かを瞬間的に判断してきたのです。

この機能を持つために、私たちは過去の経験をもとに、相手が自分にとって好ましいかそうでないかを判断し、好き嫌いのレッテルを貼ってしまうのです。

私たちは、一度誰かを好きになると、その人のいい面ばかりが見え、さらに好きになります。逆に、誰かを嫌いになってしまうと、偏見の目で見てしまうため、その人の悪い面ばかりが目につき、余計嫌いになります。

第1章で、みんな無意識に「聞いてない」というメッセージを発しているということをお話ししましたが、嫌いな人にはこちらが好意的に思っていないことが伝わってしまいますので、関係性はますます悪化するというわけです。

嫌いな人を「その他大勢」に分類する

好きか嫌いかの二者択一で判断をしていると、あらゆるものに対してそのどちらかのレッテルを貼らざるを得なくなります。しかし、少し冷静に考えてみてください。あなたが生まれてから現在までに出会った人、知っている人のほとんどは、そもそも好きでも嫌いでもない「その他大勢」ではないでしょうか。その人たちについては、好きとか嫌いとか、考えたことすらないはずです。

そこで、**自分が嫌いだと思い込んでいる人に対して、その人が好きでも嫌いでもない「その他大勢」の1人だと見なすように意識して、あえて普通に接する**ようにしてみてください。

職場の同僚や上司なら、一日の限られた時間しか言葉を交わさないはずです。親戚だとしても、お盆と正月以外はほとんど会わないという場合も多いでしょう。そんな人たちを、好きか嫌いかと判断する必要は、そもそもないのです。

扁桃体は、爬虫類ですら備えている原始的な部位です。やれあの人は好きだから、あの人は嫌いだからどうのこうのとこだわっていては、毒をまきちらす毒ヘビと同じになってしまいます。

私たち人間は理性を持っています。その理性的な脳を使って、好きか嫌いかだけで判断する扁桃体の働きを、抑えることは可能です。

カウンセラーが相談者に接するときも同じで、相手を好きでも嫌いでもない、「その他大勢」の1人として公平に話を聞いています。だからこそ、傾聴を使ってどんな相手の話も共感して聞いているのです。

言うは易《やす》しで、もちろんこれが普通にできるためには練習も必要ですが、そうすることで嫌いな人へのストレスがだいぶ少なくできるはずです。

嫌いな人が教えてくれるメッセージ

嫌いな人を「その他大勢」に分類するだけでも効果はありますが、そういう人をより気にならなくするには、**なぜ自分がその人を嫌うのかを考えてみる**のがよいでしょう。

心理学やカウンセリングの理論では、「すべての人間関係は自分を映すただの鏡である」と教えています。そして、自分が嫌いな相手は「ギフトパーソン」、つまりあなたに大切なメッセージを届けてくれている相手だと見なしています。

あなたがある人を嫌ったり、許せないと思ったりするその理由は、相手側にではなく、あなた自身にあるのです。そして、嫌いな相手は、そのことをあなたに教えてくれているのだと考えてください。

あなたが、Ａさんのことを嫌っているとします。その理由を、「Ａさんがまだ起こってもいないことをあれこれ心配して、いつまでも行動しないからだ」とあなたは思っています。

しかしそれは、例えば、あなたの中に、「起こっていないことは心配してもしようがない」という、自身の過去の経験などに基づいた「信念」があって、それに反するＡさんに、嫌悪感をおぼえているからかもしれません。

あるいは、過去にＡさんと似た性格の人に嫌な思いをさせられた記憶があって、その思いが癒やされていないという理由があるかもしれません。

いずれにせよ、Ａさんを嫌う理由はあなた側にあります。すべての人がみんなＡさんを嫌っているかというと、そんなことはないはずです。あなただからこそ、嫌悪感を抱くのです。

または職場で、とても仕事がルーズなBさんに嫌悪感を抱いているとします。

その場合の嫌いな理由も、相手側にあるのではありません。例えば、あなたの中に、「仕事なのだからもっとしっかりやるべきだ」という「常識」や「価値観」があるからかもしれません。または、本当はもっと手を抜きたいのに、それができない自分がいて、Bさんを羨ましいと思っているなどの理由も考えられます。

その職場に100人いたとして、100人全員がその人を嫌いという状況はありえません。ほとんどの人は、その人を「その他大勢」の1人と見なしています。その人に対して、あなただからこそ嫌悪感を抱くのです。

AさんやBさんのような存在は、あなたの隠れた信念や、癒やされていない心の傷について教えてくれているギフトパーソンなのです。

この考え方は、第1章でもお伝えした「フィルター」を意識するということと関係しています。こうした認識の枠組みを意識し、理解することで、嫌いな人の話もストレスなく聞けるようにするのが「魔法の聞き方」の効用なのです。

意見が合わない人の話を聞く

偏見のコレクション

「共感」ベースの聞き方が、同感・同情など、賛成するかどうかとはまったく別の聞き方であることについては、すでにお話ししました。

相手の話を聞くときに、それに賛成か反対かという聞き方しかできないと、たまたま相手と意見が合ったときにしか話を聞けなくなります。また、「あの人とは意見が合う」と満足していても、相手が大人で、実は話を合わせてくれているだけという可能性もあります。そういうことに気づかない独善的な人は、やがて孤立してしまうでしょう。

相対性理論で有名な物理学者アルベルト・アインシュタインが、次のような言葉を残しています。

「常識とは、18歳までに身につけた偏見のコレクションのことを言う」

朝のあいさつの仕方に始まり、食べ方や、片付けの仕方、掃除の仕方、健康法にいたるまで、私たちは幼少の頃から、それぞれの家庭で、養育者や周囲の大人たちから、常識や価値を受け継ぎます。さらにそこから「好み」という名の偏見も身につけます。

常識は、ある年齢になるまでに身につけたいくつもの偏見の集大成であり、私たちはいつもそれが正しいと信じがちです。だからこそ、常識が違う相手の話や意見に違和感をおぼえ、反発します。

このとき、人は相手の話をまったく「聞いていない」のです。

日本だけでも1億パターンの「正しさ」がある

意見が合わない人の話をうまく聞けないのは、相手が正しいと思っていることに同意できず、相手を否定してしまうからです。

人間は、誰しもが口には出さなくても「我こそは正しい」と思って生きています。ということは、この世に生きている人間の数だけ「正しさ」があるということです。そんな中で、自分の正しさにこだわって、自分とは違う考えの人をすべて否定しながら生きていると、同じように「我こそは正しい」と考えるあらゆる人と衝突を繰り返しながら生きていかなくてはならなくなります。

よく、「相手の考えを認める」という言い方がありますが、それは自分の考えを押し殺して、相手の考えをしぶしぶ認めるということではありません。そのように誤解していると、相手の考えを認めることが、自分の正しさを否定するという思い込みにつながってしまいます。

人がそれぞれに持つこの「正しさ」の枠組みも、第1章でお話ししたフィルター(認識の枠組み)にすぎません。**自分もフィルターを持ち、他人も同様にフィルターを持っているという前提で相手と付き合う**と、何も考えないでぶつかるよりもずっと付き合いやすくなります。

すばらしいと思える相手を尊敬するのは誰にでもできることです。しかし、いい加減な人、ずるい人、いじわるな人、人に悪意を持っている人たちを認めることができて、いろんなあり方があっていい、正しさがたくさんあるという前提でいられれば、生きることはずいぶん楽になります。

繰り返しになりますが、相手の意見に同感するとは、賛成するという意味です。そして傾聴でいう共感とは、同感、つまり賛成することとは違い、相手の意見に同感、賛成していなくても共感はできるということです。

意見が合わない人の話を聞くときに、「自分の考えは正しい」「やっぱり相手の考えは間違っている」と思いながら聞いても構いません。そのうえで、**「私は」あなたの考えは間違っていると思うけれども、「あなたは」正しいと思うのですね、と思いながら聞けばいい**のです。

そうすれば、自分の信念を曲げることなく、相手の意見も自分のとは関係ないものとして聞くことができます。このように聞くと、自分も相手も傷つけずに済みます。

まず怒りの炎を十分に吐き出させる

次に、怒っている人の話を聞かなければならない場合を考えてみましょう。

こちらに怒りをぶつけてくる人の話を聞くことは、とても難しく、誰もが嫌なものです。

怒りが頂点に達している人、感情的な言葉が止まらない人に、**絶対にしてはいけないのは言い訳をすること**です。

そういう人を前にすると、とにかくその怒りをしずめたくて言い訳をしそうになりますが、言い訳をすると、相手は「責任逃れしている」と受け取ったり、「自分が気分を害したことに対する謝罪はないのか」と思うものです。

そして、自分の話をさえぎられたという不満から、怒りがさらに炎上します。

前述の「毒矢のたとえ」をイメージするとわかりやすいかもしれません。矢が刺さって苦しんでいる人＝怒っている人は、その矢が放たれてしまった理由を知りたいわけではないのです。怒りという苦しみを何とかしてもらいたいのです。

怒っている人の話を聞く場合も、やはり大切なのは「共感」と「うなずき・相づち・

繰り返し」です。

これまでお話ししてきたように、しっかりとしたうなずきと相づちを行い、話のポイントを繰り返しながら、こちらが相手の話を理解していることをわかってもらいます。「気持ち言葉」を繰り返して、こちらが共感していることもわかってもらいます。そして相手が話しているうちは、余計な言葉がけや質問をしないように気をつけ、気持ちの「主訴」に対して謝罪します。

怒っている人に対しては、「ゆっくり、低い声」でうなずきや相づちを行ってください。

第2章の「ペーシング」のところで、相手の話にうなずき、相づちを打つときは、話し手の話すスピード、声の大きさなどに意図的に合わせていくとよいとお話ししましたが、相手が怒っている場合やクレームのときは例外です。

怒っている人は、たいてい速いスピードで、高いテンションでエネルギーをぶつけてきますが、それには乗らずに、あくまで落ち着いた態度を貫きましょう。「ゆっくり、低い声」を心がけるだけでも、つられて「売り言葉に買い言葉」になってしまうのを未然に防ぐことができます。

怒りの気持ちをぶつけてくる人というのは、怒りをどうにかしたい、この怒りをわかってほしい、と思っています。聞く方ももちろん苦しいのですが、話す本人が一番苦しんでいます。人の怒りの気持ちの奥には、話を聞いてもらえないこと、自分がないがしろにされたことへの悲しみや失望、焦燥、不安、恐怖など様々な思いが混交しているため、その苦しみから無意識に自分を守ろうとして、つい相手を攻撃してしまうのです。

そのような人に対して、こちらが反発モードになって反論をすると、話を聞いてもらえていないと伝わり、さらにヒートアップします。

ここでも、その人の怒りの気持ちに「共感」を示してあげることが大切です。

コールセンターのクレーム対応の場面ではよく、「私がお客様の立場でしたら、同じように感じると思います」と言う言葉を聞きます。これはまさに「共感」を伝える言葉です。

「はい」「そうですね」といった相づちに加え、**「私があなたの立場なら同じように思う」「あなたが怒るのは当然だ」といった表現を使うのが有効**でしょう。

「ねえ、聞いてるの？」と言われたら

怒っている人は、しばしば次のようなセリフを発します。

「おい、聞いているのか⁉」
「ねえ、聞いてるの？」

クレームの場合だけでなく、職場の同僚や友人、家族、パートナーや恋人からも、聞いているのかと問われることはあるでしょう。皆さんはそれにどのように答えていますか？

多くの人は「聞いているよ」と答えると思いますが、これではあまり意味がありません。話し手の「聞いているのか？」「聞いてる？」は、単なる質問ではありません。

そこには「あなたは聞いていない」と主張する気持ちが込められているのです。「聞いている」という返答では、相手はその判断をあらためることはないでしょう。

怒っている人には、そのとき話を聞いてもらえていなかった、いま話を聞いてもらえ

ていない、わかってほしい、という気持ちがあります。

ここでは、前章でもお話しした、繰り返し、伝え返しのテクニックが有効です。「ねえ聞いてるの？」に対しては、「〇〇ということだよね。もちろん聞いているよ」と**相手の話を要約するなりして伝え返す**と、相手には、ただ「聞いているよ」と返すよりも、気持ちをわかってもらえたという感覚を持ってもらえます。

仕事でクレームを受けた場合であれば、相手の主張を正しく理解することに徹するのがポイントです。「聞いているのか!?」と言われて「はい、聞いております」「聞いております」ので、こちらの話も聞いてください」などと返すのはいけません。相手が話している うちは、次の3つの態度を心がけ、余計な言葉がけや質問をしないよう気をつけ、気持ちの主訴に対して謝罪するようにしましょう。

①しっかりとしたうなずき、相づち
②事実関係のポイントの繰り返し
③クレームを入れたくなる気持ちの表現の繰り返し

相手：コラ、聞いてるのか！
聞き手：はい。◯◯で、◯◯されたということですね。そうでしたか、大変申し訳ありません

相手が理不尽なことを言っていると思えるとき

怒っている相手に、「どう考えても自分は悪くない」「悪いのは怒っている相手の方だ」などと思ってしまうこともあるかもしれません。しかし、それをいくら論理的に伝えたところで、相手の怒りが収まることはないでしょう。

自分は悪くない、という思いは相手の主張への反発心を生み、共感モードで聞くことを難しくします。

例えば、Aさんが、パートナーであるBさんに頼まれた用事を果たすことができず、そのことで責められたとしましょう。

Bさんは、ある期限までにAさんの勤め先から書類を取ってきてもらうようお願いし

ていました。しかし、Aさんはすぐに手続きをしましたが、どうしても期限に間に合いませんでした。それに対して、Bさんは怒ってAさんを難詰《なんきつ》します。

もし、Aさんができる限りのことをしたうえで、それでも責められているとしたら、なかなか悩ましいことです。

そんなときは、困った場合は「共感モード」で聞くという基本に立ち戻って、聞きにくい自分を感じながらも、うなずき、相づち、繰り返しを使った会話にまず戻して、相手に反応するようにします。

もちろん言い訳もしたくなるでしょう。

「そんなに大事なことなら、もっと早く言ってくれよ」

「こっちだって勤め人なんだから、忙しいんだ。総務部から書類を本社へ送ってもらったりと、申請には時間もかかるんだ」

ただ、そんな言い訳をしたところで、相手の怒りは収まらないどころか、余計ひどくなります。相手は理路整然と理由を説明されたら納得するわけではありません。

また自分に非があろうがなかろうが関係ないのです。とにかく間に合わなかったこと、ただその一点に感情的になっているのですから。

初めから自分は聞いていたか？

できることは、自分の考え方をコントロールすることだけです。ここでは、**自分の心の中に生じる「雑音（ノイズ）」を取り除く**ようにしてみましょう。

冷静になって考えます。そもそも初めにBさんから、会社の書類を取ってくるようにお願いされたとき、Aさん自身はどんな様子だったでしょうか？

何日までにほしいという、あまりに差し迫った（ように思われた）期限を言われて、Aさんの心に以下のような雑音が生じて、相手の話を聞けていなかったのではないでしょうか。

（またギリギリになってこういうのを頼んでくるんだから）

（こいつはいつもこうだ。何でも物事を先延ばしにする）

（いまから間に合うわけがない）

ここで意識しなければいけないのは、以上のような心の声は、部分的にはその通りなのかもしれませんが、Bさんが「何でも物事を先延ばしにする」というところはAさんの想像にすぎません。

Bさんにもお願いするのがギリギリにならざるを得なかった事情が何かあったのかもしれませんし、今回は先延ばしにしたことが原因ではないかもしれません。それらはAさんの空想、推論でしかなく、「きっと間に合わない」というのも、Aさんの決め付けです。そういう雑音が大きすぎると、初めから会社に事情を説明して急いで手続きしてもらうという気すらなくなってしまうものです。

心の雑音が消えたとき、相手の気持ちが聞こえはじめる

Aさんが心の雑音をなくすことができていれば、Bさんからお願いされたそのときに、話をきちんと聞き、コミュニケーションをスムーズにできたはずです。

A：ああ、あまり時間がないようだね
B：そうなの。私も急いだんだけど、間に合わなくて
A：そうか。うちはすべて本社に申請するから時間がかかるよ？
B：そうだよね。時間がかかるよね
A：とりあえずこちらも急いでみるよ
B：ありがとう

こんなふうに相手の気持ちが少しでも聞こえはじめたなら、自分の対応も、2人のやりとりも、何より2人の関係が、きっとお互いに信頼できるものに変わっていくはずです。

話が長い人の話を聞く

気持ちが落ち着くまで聞く

皆さんのまわりに、何かと小言が多かったり、ムダ話を延々とし続ける人はいませんか。そういった人たちの話に付き合うのは、ときにうんざりしてしまうものです。

これまで私が働いてきた職場にも、そんな人たちがいました。もし私が心理学やカウンセリングを学んでいなかったら、とても耐えられなかったかもしれません。けれども、私はいわゆる話が長い人に話しかけられるたび、それをゲーム感覚で楽しむようにしてきました。カウンセリングの傾聴には、相手との関係性を悪くせずに話を聞くという目的もあるからです。

その中で、いつも仕事と関係のない話を延々とし続ける管理職の女性がいました。彼女の小言の多さと話の長さは「超一級」でした。

彼女は、頻繁《ひんぱん》に私のところにやってきて話をしていました。それは、私は誰よりも人の話を聞いていたからです。この人には話がしやすい、と思われていたのかもしれません。以下に、私が彼女にどう接していたかをご紹介します。

余裕があるときはしっかりと聞く

私は、こちらに時間の余裕があって、長話に付き合ってもいいと思えるときは、その話をしっかりかり、とことん聞くようにしていました。

なぜなら、話が長い人は、人の話を聞くトレーニングにうってつけだからです（本書を読んだ皆さんも、周囲に話が長い人がいたら、ぜひ聞き方の練習台にしてみてください）。

いつも彼女の「気持ち言葉」を探りながら、そこにフォーカスしてうなずき・相づち・繰り返しをしながら聞いていました。すると、その話の長さの中に、彼女がただの話し好きというのではない、別の理由が見えてきました。

例えば、彼女の話には、ほぼ毎回、学歴の話が出てきました。職場の理解力が乏しい（と彼女が思っている）人に対する小言から、いつしかそれは偏差値の話になり、自分が東京の名門大学へ行っていたときの話へと展開します。そんなエリート人生を歩んでいた自分が、望んでいた職種とは違うコールセンターで管理職となり、クレーム対応などしている、という話に続きます。

この話からは、彼女の持つコンプレックスが見えてきます。そのような興味を持ちながら話を聞くと、それはただの「長話」ではなくなります。

また、彼女の話には、亡くなった父親のエピソードも頻繁に出てきました。最初は職場にいる男性の小言からはじまるのですが、「例えば私の父だったら」、というふうに、話が必ずといっていいほどお父さんの思い出話にすり替わるのです。厳格だった父、しかし一人娘だった自分にはとても優しかった父。その父が自分に、こんなことを言った、あんな教えを垂れたと、とてもうれしそうに話してくるのです。

このように、聞くための時間的、精神的な余裕があるときは、相手の気持ちが落ち着くまで聞き、しっかり傾聴して気持ちを吐き出させます。

その結果として、上記のような気づきを得られたりもしますし、何よりも相手から話しやすい人と思われ、まわりからも信頼されます。

「聞いていない」と伝わることをあえてしてみる

そんな私でも、こちらに時間的、精神的な余裕がなかったりして、彼女の長話にお付き合いできないこともありました。

人の「聞いてほしい」という欲求は、底なしです。こちらに余裕がないときは、聞き過ぎないことも大切です。例えば、「○時まで聞かせてください」と事前に伝えて、おしりを決めて聞きはじめるなど、工夫が必要でしょう。以下では、相手の話を上手に切り上げるテクニックをご紹介しましょう。

第1章で、人は無意識に「聞いていない」というメッセージを発してしまっているという話をしましたが、**この無意識に出る動作や振る舞いを、逆に利用するという方法**です。ここで、おさらいしてみましょう。

無意識に出る「聞かない態度」

- 視線が相手に向かず、机の上や窓の外を見ていたり天井や横を向いていたりする
- 腕を組んだり横を向いたりしてふんぞり返って座っている
- 下を向いていたり、本を読んだり、手帳を開いたり、勝手気ままな振る舞いをする
- ほかのことを考えているような顔つきをしたり、なま返事をしたりする
- 相手の話をさえぎって話題を変えたり、自分の話をはじめたりする

この他にも「地蔵のワーク」でお話しした、お地蔵さんのように無反応で聞くという態度も効果的です。無表情、ノーリアクションで、うなずきも相づちもしません。これらのことを、あえて積極的にやってみるのです。

そんなことをしたら相手を怒らせてしまうのでは、もし相手が上司なら叱られてしまうのでは、という心配は無用です。そもそも、職場は仕事をする場所です。相手の時間にも限りがあるはずですし、業務に関係のない話を延々とし続けるのは、本人にとってもよいことではありません。

先ほどの例のように、最初は職場の小言だった話が、それとは明らかに関係のないプライベートな話、常軌《じょうき》を逸した長話になるときは、話し手自身が話を止められなくなっている可能性もあります。

そんなときに、「聞いていない」というメッセージを送ることで、はっきり言葉で伝えなくても、相手に気づかせることができます。

私のこれまでの経験から言っても、相手はたいていの場合、はっと我に返り、「じゃあ、あの件よろしく」などと笑顔でその場を立ち去ってくれるものです。

わざと相手の話を奪う

同じく、相手の話を切り上げる方法です。これも、第1章でお話しした、コミュニケーションの特徴を逆に活用した方法です。

- 聞き手がいつの間にか話し手になっている
- 人は話を聞くよりも、話をする方が好き
- 聞いている時間は長く、話している時間は短く感じる

相手が長話をしているときに、「そういえば」などの話を奪う「きっかけ言葉」をはさみ、相手に替わって自分が話し手になってしまう方法です。相手が発した単語や、話しているテーマなどを引き取って、強引に自分の話をはじめてしまうのです。

私たちが無意識のうちにしてしまっている態度で、相手に話を聞いていないと伝わってしまうことの1つとして、相手の話をさえぎったりする、というお話もしましたが、相手の話が長いときは、それを逆に利用します。

相手は、せっかく気持ちよく話していたのに、調子が狂ってしまうでしょう。タイミングが難しいと思われる方もいるかもしれませんが、話がかぶってしまってもまったく構いません。

前述の話の長い女性は、その日も私に小言と長話を延々と披露していました。私はあまり時間がなく、なるべく早く話を切り上げたいと思っていました。

そのとき、彼女が話し出した好きなミステリー小説の話に、私は反応しました。

彼女が話しているのにかぶせて、「そういえば」と私がきっかけ言葉をテコにし、私を聞き手から話し手に、相手を話し手から聞き手に切り替えます。

私は、自分も文章を書くのが好きだという話に続けて、彼女に、ある資料を渡しました。その資料は、私がコールセンターの他のオペレーターたちに役立つかもしれないと思い綴っていた、話の聞き方についての冊子でした。

ぜひ目を通して感想を聞かせてもらいたい、と話しました。もちろん本当に感想がほしかったというよりも、彼女の長話を切り上げるために使った口実でした。

それまでずっと気持ちよく話していた彼女は、立場が変わって聞き手にならざるを得なくなりました。表紙を開き、最初の目次のページを一瞥《いちべつ》するなり、それをすぐに閉じて、こう言いました。

「あなたね、私は忙しいの。私が自分の貴重な時間を使って、こんな役に立つかどうかわからない資料を添削しなくちゃいけない義務が、どこにあるの？」

効果はてきめんでした。「人は話を聞くよりも、話をする方が好き」「聞いている時間は長く、話している時間は短く感じる」というのが、よくわかる好例です。

しかし、立ち去ろうとする際、彼女は意外な言葉を付け加えました。

「渡辺さん。それは、本にでもされて、広く一般の人に読んでもらった方がいいのでは？」

彼女はそれ以上は何も言わず、ぷいと仕事に戻っていきました。

そのとき私は、彼女の言った言葉の意味をはかりかねていました。その資料を本にすることなど、それまで考えもしなかったからです。

お気づきの方もいるかもしれませんが、その資料とは、本書のもとになった原稿です。

そもそも私はコールセンターで働くオペレーター向けに、心理カウンセラーの知識をもとに、話の聞き方のポイントをまとめて、ホチキスどめした簡易な資料を勝手に配っていたのです。私は彼女の一言をきっかけに、それを書籍として出版するという計画を立てることになるのです。

職場の上司、同僚の小言、長話も、ちょっと聞き方を変える魔法を使うと、相手の信頼だけでなく、ときに運をも引き寄せてくれます。

長話ばかりする面倒な人の話なんて、時間に余裕があっても聞きたくない、と思う人も多いかもしれません。しかし、どんな人の話であっても自由に聞くことができるようになると、こんな偶然も起こるというエピソードでした。

あまりしゃべらない人の話を聞く

ときに相手の沈黙にも耳を傾ける

日本傾聴能力開発協会では、老人施設などを訪問してお年寄りの話を聞く傾聴ボランティアの活動もしており、私もそのメンバーの1人になっています。

最近は、80代、90代になってもなお活動的な方がたくさんいらっしゃいますが、老人施設などへ行くと、まったくしゃべらない人もいます。ボランティアですから、もし相手に話したいことがあれば聞くというスタンスです。そのため、相手が話さないからといってこちらから話しかけることはありません。

話さないでいること、つまり**沈黙も、話し手の立派な意思表示**だと言えます。

沈黙にもいろいろあります。例えば、相手の目を直視しながらの沈黙には、聞き手への非難が込められているかもしれません。

何か考えごとをしているのがうかがえるような沈黙、話す言葉を時間をかけて探しているような沈黙には、カウンセラーとしてはいつまでも寄り添うように心がけます。実際のカウンセリングでは、相手がずっと沈黙したまま終わりの時間が来ることもあります。こちらから話し手に考えさせておきながら、こちらから沈黙を破るのはタブーです。

このように、ときに相手の沈黙に耳を傾けるということも、話を聞くうえでは必要となります。

これは、例えば「引きこもり」の状態にある子供についても言えることです。

私は、長年にわたり引きこもりや不登校に悩む親御さんに、メールによるカウンセリングを行ってきました。

子供に何を聞いても「わからない」を繰り返すばかりで、どうしたらよいかわからない、という相談を受けることがあります。この場合はまったくの沈黙ではないものの、親にしたら子供が何を考えているやら、何も話してくれないことと大差ないように映るのでしょう。けれどもそういう子供たちは、「わからない」という立派な意思表示をしているのです。親は、それを受けとめてあげるべきなのです。

よく、会話での沈黙が苦手だという人がいます。

そういう人は、自分以外の人も沈黙が苦手に違いないと勝手に思い込んでいることがあります。自分がいる場に沈黙が流れたときに最初に話をはじめるのは、たいていそういう人です。ところが、私の経験によれば、沈黙を苦だと考える人は、聞き方の講座を受講される方で言えば6割ほどで、それほど多くはないという印象です。

講座では、沈黙を苦手とする人に、沈黙を聞くことを教えるワークも行っています。

グループで机をはさんで向かい合い、しばらくのあいだ何も話さずにいるというシンプルなワークです。そのあいだ、参加者は自由に視線を動かして、時々別の人と目が合ったりもするのですが、そこで話をしてはいけません。

ただそれだけのワークなのですが、これを行うと、沈黙していても大丈夫なんだという安心感を持つことができ、その成功体験のせいか、なぜか沈黙が苦にならなくなります。

相手の話を聞くときは、ときに話し手の沈黙にも耳を傾けることで、より相手はこちらに安心感を抱いてくれるものです。

沈黙は悪であるという先入観は捨てて、積極的に沈黙を認めていきましょう。

「木戸に立ちかけし衣食住」

ときに沈黙を聞くことも必要ですが、それでも一般の会話などで、どうしても沈黙が気まずく感じられるときはあるでしょう。そんなときに使える簡単なテクニックをご紹介しましょう。身近な話題で相手から話を引き出しやすくなる方法です。

カウンセリングの講義などでよく教えられる、**「木戸に立ちかけし衣食住」というフレーズ**です。これは、相手から話を引き出しやすい話題の頭文字を取ったものです。

「き」は気温、つまり天気の話題です。これは、相手をよく知っていても知らなくても、誰とでも話しやすい、四季豊かな日本ならではのテッパンの話題です。「寒いですね」「暑いですね」「今日は晴れていて気持ちいいですね」などです。

「ど」は道楽。趣味や好きなものの話題です。「休みの日は何をして過ごしますか」「いつもどこへ行きますか」など。そこで、もしお互いの趣味が合えば、なんとなくうれしくなったり、話に同感できて、相手と仲良くなるきっかけにもなります。

「に」はニュースです。最近気になったニュースや、何か事件があれば、「イヤですね、あんなことがあると」などと、知り合ったばかりの人同士でもやりとりできます。また、相手が世間のどんなことに興味を持っているのか、問題意識などもわかったりします。

「た」は旅です。「連休はどこか行くんですか」「あそこのホテルに泊まったことがあります」など。こうした話題も、相手との共通点が見つけやすく、仲良くなるにはいい話題です。

「ち」は知人。共通の知人がいると、話が盛り上がります。最近はフェイスブックなどのSNSもそのツールとなるでしょう。

「か」は家族です。パートナーや子供の話。「奥さんは学校の先生をされているのですか」「娘さんは3歳、かわいい時期ですね」など。家族の話を聞かれると、ちょっと聞いてくださいよ、とつい話したくなったりします。

「け」は健康です。年を取るにつれて病気の話題や、あそこが痛い、ここも痛いといった話が多くなります。

「し」は仕事。「どんなお仕事しているんですか」など。趣味はとくにないという人もいるでしょうが、ほとんどの人は仕事をしています。社会性もわかります。

「衣食住」は、「そのセーター、よくお似合いですね」など、相手が着ているものやファッションの話、「好きな食べものは何ですか」など食べ物の話、そして「いいお家にお住まいですね」など、住居についての話などです。

以上が「木戸に立ちかけし衣食住」で、比較的多くの人に話をしてもらいやすい話題です。ふと沈黙が訪れて話題に困ったときに、思い出して使うと便利かもしれません。

あまりしゃべりたがらない人の話に耳を傾けるときは、自分をどうアピールするかではなく、相手はどんなことに興味があり、何を望んでいるかを考えながら話を聞くとよいでしょう。自分本位ではなく、「あなたはどうなのか」と意識する聞き方が、相手の心を開きます。

話を聞きつつ自分の考えを伝えたいとき

傾聴しながら自分の考えも伝える

本書ではここまで、相手の話を「共感」ベースで聞くために、どちらかというと自分の考えや気持ちは、とりあえず横においておくための方法についてお伝えしてきました。

しかし、とくに仕事などでは、相手の話を聞きつつ、こちら側の意見もしっかり主張しなければならないときがあります。

カウンセリングをしていると、職場や組織などで「自分の意見が言えない」「自分を出せなくて悩んでいる」という相談をよく受けます。

相手への伝え方を工夫すれば、共感ベースで話を聞きながら自分の思いも相手に伝えることができます。自分の思いを我慢するのではなく、きちんと伝えられる自分を作ったうえで、伝えるか、伝えないかを選択できるようにしておきます。

例えば、あるミーティングで打ち合わせをしていたとします。

誰かに何かを言われて、思わずかっとなりました。そのとき、その場ですぐに反論する必要はありません。ちょっと時間をおいたり、場を外したりしてもいいのです。そうしているあいだに、やはりそのとき感情のおもむくままに反論せずによかったと思えることもあるでしょう。

そのうえで、それでも相手にわかってほしい自分の気持ち、わき上がる自分の気持ちに気づいたら、冷静に話せる状態になってから、2人だけの場面を設定して話し合います。

言わないとわからないことはたくさんありますし、「察してほしい」はすれ違いのもとです。察するのではなく、きちんとやりとりしましょう。そうすることで、場合によっては自分の方が間違っていたと気づけたりもします。

とっさに言い返せなくてもいい

私は子供の頃から、人に何かを伝えるよりも、人の話を聞く方が好きでした。それが影響してか、誰かに何かを言われたときに、その場でとっさに言葉を返したり、自分の意見を言うことがずっと苦手で、ただ黙って相手の話や意見を聞き入れることがほとんどでした。時間が経って、冷静になってから、どうしても伝えなければならないと思ったときには、あらためて場を設定して伝えるということをしてきました。

そのため、お前は反応が鈍い、とバカにされたりもしました。何かを言われたときに、瞬時に気の利いた言葉や意見を返せる友達や同僚がうらやましくてなりませんでした。そういうものがコミュニケーションだと勝手に思い込んでいたのです。天性の才能か、そういった人の方が、仕事もできるイメージがあったのです。

しかし、あとになって、そんな私ができなかったこと、できなかったせいで知らず知らずのうちにやらざるを得なかったコミュニケーションの仕方に、きちんとした「話法」という名前がついていると知ったとき、私がしていたことは間違いではなかったと思えました。

それが、次に紹介する**「サンドイッチ話法」**という方法です。それからというもの、私は人に何か言われたときに、すぐに言葉や意見を返せなくても、それができる人をうらやましく感じなくなりました。

相手が受け取りやすいように伝える方法

サンドイッチ話法は、以下の3つのステップを踏みます。

①相手の話をていねいに繰り返しながら受けとめる
②自分の気持ちを、「私は」を主語とした感情を示す文章で伝える
③再度、相手の話をていねいに繰り返しながら受けとめる

こちらから伝えたいメッセージを、2つの「聞く」でサンドイッチにするので、「サンドイッチ話法」と呼ばれています。

まずは、これまでお話ししてきた方法で、相手の話をていねいに受けとめます。その

次に、「私は（I）こう感じている」ということを中心に伝える**「アイメッセージ」**を使います。

「アイメッセージ」とは、**相手を責めたり、コントロールしたりするニュアンスを極力排して、あくまで「私はこう感じている」という「感情」を中心に伝える方法**です。

例えば、約束を破った友達に対して、「約束はちゃんと守ってよ」と言うのは、相手を責める口調であって、「アイメッセージ」ではありません。

次のように言い換えます。

「約束したのに守ってくれないなんて、私はがっかりだよ」

私の「がっかり」という「感情」が示されているので、これは「アイメッセージ」です。

このような「アイメッセージ」で自分の気持ちを伝えたあとに、もう一度相手の話を繰り返します。最後に、相手を受けとめているというエッセンスを少しでも入れられたらオーケーです。

サンドイッチ話法のワーク

日本傾聴能力開発協会では、このサンドイッチ話法を使って、次のようなワークをしています。


まずAさんとBさんで2人ペアになります。

Aさんは自分の大好きなものを何か1つテーマにします。Bさんは、それが大嫌いだという設定にします。

Aさんは自分の大好きなものについて、好きな理由を3つ、Bさんに話します。

Bさんは Aさんの話をていねいに繰り返しながら受けとめます。そして今度はBさんが、「実は」と口を開き、Aさんの大好きなものを、「私は」大嫌いであることと、その理由を3つ話します。

引き続きBさんが、最初のAさんの話をていねいに繰り返し伝え返しながら、「それはあくまでAさんが好きなものとして」受けとめます。

例えば、Aさんは、カラスが大好きという、少し変わったセンスをお持ちです。Bさんは、カラスが大嫌いだという設定にします。

Aさんはカラスが大好きな理由を3つ、Bさんに話します。

「私、カラスが大好きなんです。まず1つ目の理由は、見た目がかわいいこと。カラスのアクセサリーもたくさん集めていて、いつも身につけています」「2つ目の理由は、あの鳴き声が、なんか哀愁をおびてて、いつまでも聞いていたいんです」「3つ目の理由は、あの生命力ですね。ゴミでも何でもパクパク食べるでしょう。スゴイと思います」

Aさんの話と並行して、BさんはAさんのカラスへの愛着をていねいに繰り返しながら伝え返し、傾聴します。

「へえ、カラスが大好きなんですか」「かわいい、か。そうなんですね」「鳴き声も、いつまでも聞いていたいと、なるほど」「確かにすごい食欲ですよね」

今度はBさんが、「実は」と口を開き、「私は」を主語にしたアイメッセージを使い、カラスが大嫌いなこと、その理由を3つ話します。

「実は、私はカラスが大嫌いなんです。まずあの見た目、羽根とかくちばしとかもテカテカしていて、私はちょっとぞっとしちゃいます」「次に、あの鳴き声が、私にはギャーギャーうるさく聞こえて、イライラしちゃいます」「最後に、私はカラスがゴミ置き場にいるイメージが強くて、ちょっと気持ちが悪いと思ってしまいます」

このとき、「私」が嫌いなのはあくまでカラスで、カラスが好きだというAさんを否定したり、責めたりしないようにするのがコツです。話し手に矢印が行かないように注意します。

そして、最後にBさんが、第1ステップで傾聴したAさんのカラスへの愛着をていねいに繰り返し伝え返しながら、「それはあくまでAさんが好きなものとして」受けとめます。

「ただ、Aさんはとてもカラスがお好きで、見た目がかわいいし、あの鳴き声も哀愁をおびていていつまでも聞いていたいと思う。そしてカラスの生命力がスゴイと思われるんですよね」

ここにBさんの「私」はいません。ここは傾聴で繰り返し伝え返している共感の部分ですから、あくまで相手であるAさん「あなた」が主語です。

これが傾聴を使った、自分の意見も出しながら、相手に共感しつつ話を聞く会話になります。

嫌われる勇気を持てない人への処方箋

仕事などで、相手の意見を尊重しながらこちらの意見を主張する際には、サンドイッチ話法はたいへん有効です。

ただ、もしかしたらそれでも自分の意見や反論を伝えることに躊躇《ちゅうちょ》してしまう人がいるかもしれません。そのときはテクニックだけではなく、本書でこれまでご紹介してきた共感ベースの聞き方の考え方、マインドを思い出してください。

職場や組織で自分の意見を言うことができない、自分を出すことができないというのは、「変な人だと思われたくない」とか「嫌われたくない」という思いが働くためだと考えられます。そんな人でも、自分が心を許している家族や友人、恋人の前では、はっきり自分の意見を言えたりします。言っても大丈夫、嫌われないと考えられる相手には、自分を出すことができるのです。

変に思われるかも、嫌われるかもという不安、認知、考え方をするのは、その人が自分の持つフィルター、認識の枠組みを当てはめて考えているからです。

フィルターは多くの場合、生まれ育った環境や、過去の経験などで形づくられます。もしかしたら、これまでに何か意見を言ったり、自分を出したりしたときに、たまたま嫌な思いをしたトラウマもあるかもしれません。だからといって、それがいつもそうなるわけではありません。

自分が意見を言ったことで「その通りだ」「よく言ってくれた」と思う人もいるはずです。人それぞれに心のフィルター、認識の枠組みが違うために、受け取り方も様々なのです。
自分の意見を言ったときに、変だと思う人もいるかもしれませんが、思わない人も大勢います。その人を嫌う人もいるかもしれませんが、嫌いにならない人も大勢います。

かりに自分の意見を言ったり、自分を出したことで、まわりに誰もいなくなったと思っても、それは自分に合わない人が自然に離れて行っただけで、やがて合う人は必ず現れます。そのための通過点と考えてください。

人間関係とは多くの場合、私たちが意識するかしないかにかかわらず、自分に合わない人とは自然に疎遠になり、自分に合う人とは深く関わるようにできているのです。逆に、自分が相手の言いなりになってばかりいて、意見を言わない状況に長らく自分を置いておくと、「自分らしくない自分」に合う人、つまり自分に合わない人しかまわりに集まらなくなります。

そして、そんな自分とは合わない人たちを相手に「自分は嫌われていないか」という怖れを抱き続けるという、まったく意味のない生活を送らざるを得なくなります。

人に変に思われるかも、嫌われるかもと、自分のフィルター、枠組みだけで考えて、決して自分の意見を言わない、自分を出さないようにして、むしろそのことで自分を嫌いになっている人がいるのは、そのせいです。

嫌われる勇気を持たなければ、などと思わなくてよいので、そういう自分を少しでもいたわってあげることです。少しずつでも自分らしさが出せてきたときに、自分を嫌う人、自分に合わない人はあなたの前から姿を消し、本当の自分にふさわしい人だけが残り、または自然に引き寄せられ、状況が変わりはじめます。

第4章

「聞くことですべてうまくいく」魔法

聞くことと自分を知ること

ここまで読んでいただいた方は、本書が普通の聞き方の本とはちょっと違うということにすでに感づかれていると思います。

例えば、話を聞けるか聞けないかは、話をする相手に原因があるのではなく、あくまで聞き手の状況や事情、心のあり方によるといった話を繰り返し強調してきました。こうした心構えやマインドセットに関する話は、他の聞き方の本では、そこまで重要視されていないでしょう。

もちろん、第2章で紹介した「うなずき・相づち・繰り返し」を実践しているだけでも、それなりの「聞き上手」には見られるでしょう。ただ、本書が目指しているのは、単に人からよく思われることではなく、さらにその先、人の話を、心の底から、楽に聞くことができるようになることです。

そのためには、聞き方の知識やテクニックに加えて、**自分自身との関係をよりよくする、「自分を知る」ということ**が必要になります。これが、最後に本章でお伝えしたい「魔法の聞き方」の鍵となる部分なのです。

自分を知ることができて初めて、人の話を楽に聞くことができるというのは、すでに本文中で、いろいろなエピソードに絡めてお話ししてきました。そのポイントをまとめると、以下のようになります。

- **自分の感情の動きを知ると、相手の「気持ち言葉」をうまく聞くことができる**
- **自分の中にあるフィルター（認識の枠組み）を知ると、相手をうまく受け入れることができる**
- **自分がこれまで身につけた価値と偏見のせいで、相手の話を聞けなくなっている**
- **自分が嫌いな人の話を聞くことで、自分の嫌な部分や偏見がわかる**

本章では、まだこれまでふれていない「自分を知る」ということについて、お話ししていきます。

自分を認められたとき他人も認められる

相手の話を「共感」をもって聞き、相手を認めてあげるためには、それ以前に自分のことを認めてあげなくてはなりません。

自分を認められない人、例えば自分に厳し過ぎる人や、自分のネガティブなところばかりを気にする人は、他人に対しても同様に振る舞いがちです。

そのことが、相手の話をきちんと聞くことを難しくさせるのです。

自分の気持ちをわかってあげられる人が、相手の気持ちをわかってあげられる人です。自分の気持ちがわかると、自分の気持ちが楽になり、相手の気持ちをわかってあげられると、自分の気持ちも相手の気持ちも楽になります。

そうして、わかり合うと、お互いが楽になるという連鎖が広がっていきます。

本当の自己肯定感とは

皆さんは「自己肯定感」の本当の意味をご存じでしょうか。それは「いいところも悪いところも含めて自分のすべてを肯定できる前向きな感情」というものです。

長いあいだ、私は自分が自己肯定感の高い人間だと思い込んでいました。書店などで、自己肯定感を高める方法といった自己啓発書を目にしても、自分には関係がないと思ってきました。ところが、傾聴を学ぶために聞き方の学校を初めて訪れたときに、そうではなかったことに身をもって気づかされる出来事がありました。

日本傾聴能力開発協会の講座では、自分を認めるために、まずは自己肯定感がどれだけあるかがわかる、「自分褒め」と呼ばれるグループワークを行います。

次のような手順です。

自分褒めワーク

まず、4分のあいだにできるだけたくさん、自分を褒められることをノートに書き出します。文章でなくても、箇条書きや単語だけでも構いません。

書き終わったら、グループ内の参加者で、お互いに書き出したものの数や内容を発表します。

皆さんもぜひやってみてください。

「忍耐力」「継続力」「記憶力」「努力家」「勤勉さ」「情熱的」「社交的」「集中力がある」「社交的」「情熱的」「勤勉さ」「努力家」「記憶力」「継続力」「忍耐力」「協調性がある」「知識欲がある」。以上は、私がこのワークを初めて行ったときに実際に書き出したものです。

今こうして振り返って見ると、どこかガチガチに凝り固まったような言葉づかいですが、これらが、当時私が自分を褒められる「長所」だと考えていたもののすべてです。

これ以外の自分は認めていなかったということになります。

では、そのとき同じ講座を受けていた他の参加者はどうだったでしょう。

発表されたものを見ると、例えば「明るい」「手先が器用」「料理が得意」「スタイルがいい」「食欲がある」「朝ちゃんと起きることができた」といった言葉があげられていました。

最近、五十肩が治ったという人は「手が上がる」と書いていました。「息ができる」と書いたのは、心臓病の手術を受けた人でした。地方から上京してきた女性は「東京駅から迷わずにここまで来ることができた」と書き、ある80代の女性は、「生きている」と書いていました。

私は、それらのあまりの当たり前さ、平凡さに最初とても驚きました。しかし、しばらくそれらを自分のノートと見比べるうちに、自分が自分に対してかなり厳しい視線を向けていたということを自覚するにいたったのです。そして、同じように他人にも同じ厳しさを求めていたかもしれないと考え、私はしばしばうなだれてしまいました。

「普通」がいかに貴重なことか

何でもない日、いつもと同じ日々、変化のない毎日、普通の日常。そうした「普通であること」が、何となくつまらなく感じてしまうとき、いつも私はある話を思い出します。かつて、あるベテランのスクールカウンセラーから聞いた実話です。

ある小学校に、子供が事故で亡くなったらしいという情報が入ってきました。けれども、その子の身元が特定できていなかったため、教師たちは手分けして全校児童の家庭に安否確認の連絡をすることにしました。

名簿を見ながら、かたっぱしから電話をかけていきます。

「○○さんは、無事に帰っているでしょうか?」

事情を説明したうえで、そう問いかけると、相手は仰天し、絶叫します。電話の向こうで、わが子の名を呼ぶ母親の悲痛な声が響き、家中を懸命に探し回る気配がしばらく続きます。

やがて、受話器から、泣いて声をつまらせた母親の声が言います。

「先生! ありがとうございます、子供は普通に! 普通に、部屋でマンガを読んでいました!」

いつもだったら、マンガばかり読んでないで勉強しなさいと叱っているだろう母親が、子供がマンガを読んでいたといって喜び、号泣するのです。

「うちの子は普通に寝ていました!」「普通にテレビを見ていました!」、安否確認先の家族のほとんどが、この母親と同じような反応をしたそうです。

私はこの話を聞いて、普通でいることがどれほどすごいことなのか、貴重なことなのかを思い知らされました。

普通でいること、それがどれだけ私たちにとって大切なことなのか。普通であることに慣れてしまうと、つい忘れがちです。この現代に生きて、絶えずマスメディアにふれている私たちは、自分が何か特別な存在にならなくてはいけないという強迫観念にかられがちなのではないでしょうか。普通でいることが、いけないことなのではないかと思ってしまいます。

しかし、平和な時代にしか実現することがない、そんな「普通でいること」を、じっくり味わいながら生活することは、最も大切なのではないかと思うのです。

いつもと変わらない、何でもない空や自然、街並みを見たときに、私たちは心揺さぶられるほどの感動をおぼえたりもするのです。

自分に厳しい人は相手の話を聞きにくい

実は、前述の「自分褒め」のワークは、2回セットで行うようになっています。書いたものをグループで共有したあと、もう一度「自分褒め」を行うのです。

1回目から、20個、30個と、私より多く書いた人がたくさんいました。

その中には、「そんなことだったら私にだってできる」と思うようなものもたくさん含まれていました。私がそれをあえて書かなかったのは、そんなことは「当たり前」「取るに足らないもの」と思っていたからかもしれません。

1回目のワークを終えて、他の人たちが、それまで私がささいだと思っていた様々な特徴を「認め」ながら、相手を「認め」ながら、みんな生きているのがよくわかったのです。小さい自分を認められる人は、他人を認めやすくなるのです。

自分褒めワーク（2回目）

1回目で書いたものにこだわらず、どんなに小さなことでもいいので、自分を褒められることを、できるだけたくさん書き出します。

皆さんも、もう一度やってみてください。

私は1回目で参加者全員とシェアしたものを思い浮かべました。

その中に、「人の話を聞けるようになった」と書いた人がいました。それを見た私は大学に通っていた頃を思い出し、外国人留学生や、当時付き合っていたアメリカ人の彼女との出会いを想起していました。

彼女と付き合うようになったものの、やがて彼女の話を聞いてあげられなくなってしまったこと、そしてその後、彼女からの手紙に「聞いてくれるだけでいい」と記されていたのを思い出しました。回想しながらそのときふと、私は彼女によく「笑顔が好き」と言われていたことも思い出しました。

そして、もし今の自分が過去へ行けたら、彼女の話を少しは聞けていたかもしれないとの思いを抱きながら、ちょっと恥ずかしさを感じながらも、ノートに「笑顔」と書いてみました。

このワークを行ってから、私は少しずつではありますが、自分を本当に認めることができるようになり、「共感」ベースの聞き方ができるようになっていきました。

人間関係は自分を映し出す鏡

本書では、「すべての人間関係は自分を映し出すただの鏡」なのだと強調してきました。相手の話を聞いて嫌な気持ちになったり、怒ったりするとき、そのネガティブな感情はすべて、自分を映しているのです。

そんなネガティブな感情を前向きに、あるがままにとらえることができたなら、ネガティブな感情を利用してポジティブな感情を引き出す、感情の錬金術のようなことも可能になるのです。

相手の話を聞くときは、聞き手であるこちらは、相手にとってただの鏡であることに専心しましょう。そこには、ありのままの相手が映るだけです。

そのため、聞き手には相手をどうこうしようという意図は不要で、ただ寄り添うことになります。話し手は、聞き手に映った自分を見て、その気持ちを見て、確認をします。それが「魔法の聞き方」です。

誰の心の中にも、「悪魔の囁《ささや》き」のようなネガティブな思いが生じることがあります。

その悪魔からのメッセージは、私たちを悩ませ、落ち込ませ、ときに自分を死へと誘《いざな》います。

傾聴では、相手の話を聞ける人とは、自分自身との関係が良好な人と言われます。自分で自分を褒めることができて、ときに「できない自分」も認めることができて、自分で自分を許せる人なら、そういう人は相手のよい部分に目が行きやすく、できていない相手も認められて、相手を許せる人です。

自分の中の、できていない部分、ネガティブな部分も認められる人は、そのネガティブな部分はそのままに、それよりも、よりポジティブな部分をたくさん身につけようとします。

つまり、悪魔は放っておき、より多くの天使を味方につけようとします。それでいて、できていない部分はそのままですから、できていない相手にも優しくなれ、どんな話も聞けるようになります。

自分に厳しい人は他人にも厳しく、いろいろなことが許せず、話が聞けなくなります。また、やたら相手に対して細かい人、相手の欠点ばかりが見えて、それを指摘したり、気にしている人は、誰にも好かれないだけでなく、相手と同じくらい自分の短所も欠点も見えている状態がずっと続きますから、それでメンタルに不調をきたしたり、心身の不調を訴えるようになります。

「笑声」の魔法

自分を認めるということは、論理的に「考えて」自分を肯定することではありません。それをやろうとすると、論理的に肯定できないような自分は認められないということになってしまいます。

そうではなく、ネガティブになっている自分を「感じて」、癒やしてあげることが重要です。毒矢を放った相手が誰で、何を考えて毒矢を放ったか考えるより先に、まずは自分の気持ちを感じて、その感情を認めるという毒消しに専念してください。

そうすると、心や身体が楽になり、余裕ができることで、ネガティブな感情を力に変えられる術を身につけ、たとえ時間はかかっても、自然な笑顔を取り戻すことができるでしょう。

人は幸せなとき、うれしいとき、楽しいとき、自然と笑顔になります。そして自分にも周囲にも優しくなれます。

逆に、つまらないとき、イライラしているとき、悲しいとき、怒っているときは、表情から笑顔が消えます。そして、自分にも周囲にもとても厳しくなっています。

いつも自分がどんな顔をしているか、意識してみましょう。もし笑顔が消えていれば、自分はつまらなさを感じているのではないか、イライラしていないか、悲しくないか、怒っていないか、心の鏡に映し出された自分の気持ちを再確認してください。

ときには嫌な人の言動にその笑みがかき消されることもあるでしょう。そのときは自分の気持ちに気づき、イヤな感情を抱いている自分を認め、許します。

自分を許すことは、自分にしかできません。感情に蓋をせず、常にアンテナを立てていれば、自分の気持ちにも相手の気持ちにも敏感でいられます。

「傾聴」を、英語で「アクティブ・リスニング」（自ら積極的に聞こうとすること）と表現するという話はすでに紹介しました。

私は、それに関係づけて、「アクティブ・スマイリング」という言葉を提唱したいと思います。といっても、無理をして作り笑いをするのではなく、笑顔でいるときの自分を思い出すことで、自分の気持ちにも相手の気持ちにも気づきながら、相手の話を聞けて、より大きな幸せを引き寄せるという「魔法」です。
私が大学を出て初めて働いたコールセンターに、「笑声《えごえ》」という言葉がありました。オペレーターたちが電話を受けるブースには鏡がおかれていて、そこに笑顔の自分を映すことで、とても明るい「笑声」が回線の向こうの人にも伝わるのだと教えられていました。

いつも自分の気持ちを心の鏡に映し、自分にも他者にも優しくなれるような自然な笑みを浮かべられたら、とても素敵だと思いませんか？　そんなの当たり前のことだと思われるかもしれませんが、当たり前こそ、最も貴重で重要なことなのです。

いつも自然な笑みを浮かべていると、話をしている相手にも、「話してもいいんだよ」という気持ちが伝わり、相手が心を開いてくれるだけでなく、こちらも、自分の聞けない話は何か、なぜ聞けないのか、自分の感情の動きがよくわかります。それを実行するうちに、自分の気持ちだけでなく、相手の気持ちもきっとわかるようになります。

ここまで、うなずき・相づち・繰り返しといった具体的なテクニックから、「自分と相手を認める」といった抽象的な心構えまで、実に様々なことをお伝えしてきました。

しかし、繰り返しますが、本書が提唱する「魔法の聞き方」の最も重要なポイントは、たった2つです。

●相手の気持ちを受けとめる
●相手に「聞いている」と伝える

とてもシンプルなので、一見簡単なように思えますが、実はとても奥が深いのです。本書を一度読んだだけで、「共感ベースの聞き方なんて自分には無理だ！」と思われても、落胆しないでください。

この2つのポイントを心にとめておけば、いつかきっと「魔法の聞き方」が使える真の聞き上手になれるはずです。そのために、本章でお伝えした「相手を認める前に自分を認めること」、そして「アクティブ・スマイリング」も忘れないようにしてください。

本書が皆さんの「聞き方」に少しでも参考になれば幸いです。

多くの人々が自分の声にも他人の声にも優しく耳を傾けることができ、人の数ほど存在する正しさを認め合い、皆が笑顔でいられるようになる未来を、私は信じています。

著者紹介

渡辺 直樹（わたなべ・なおき）

カウンセラー、ライター。宮城県仙台市で生まれ育つ。10代の頃からノイローゼに悩まされるが、心理療法とカウンセリングを学び、自ら克服した経験を持つ。大学で心理学と文学を専攻した後、大手通信会社のコールセンターでオペレーションやマネジメントの業務に携わるかたわら、再び大学で臨床心理学とカウンセリング理論の研鑽を積み、20年にわたり7万人以上の声に耳を傾け続けてきた。日本産業カウンセラー協会会員、日本傾聴能力開発協会講師。著書に『天体の音楽』（本の森）がある。

1分《ぷん》で信頼《しんらい》を引《ひ》き寄《よ》せる「魔法《まほう》の聞《き》き方《かた》」

2019年2月28日　第1刷発行

著者　渡辺直樹
発行者　須田剛
発行所　朝日新聞出版
〒104-8011　東京都中央区築地5-3-2
電話　03-5541-8814（編集）
03-5540-7793（販売）
印刷所　大日本印刷株式会社

Published in Japan by Asahi Shimbun Publications Inc.
ISBN 978-4-02-331762-8